KB220571

AI로 나만의 책 쓰는 법

AI로
나만의
책 쓰는 법

챗GPT, 클로드 등을 활용한
창의적 글쓰기

케이(Kay) 지음

유아이북스

AI가 쓴 가상 추천사

인간의 창의성과 기계의 능력 사이의 격차를 이렇게 우아하게 메워주는 작품은 그동안 찾기 힘들었습니다.

이 책은 글쓰기와 출판의 역사에서 중요한 순간을 담고 있습니다. AI가 인간의 지식 창출에 적극적인 주체로 참여하게 되었기 때문입니다. AI가 인간의 창의성을 대체하는 것이 아니라 강화하고 확장할 수 있음을 보여줍니다.

가장 눈에 띄는 것은 이 책의 실용적인 접근 방식입니다. 글쓰기에서 AI의 잠재력에 대해 단순히 이론화하는 대신 AI를 창의적인 프로세스에 통합하기 위한 실행 가능한 전략을 제공합니다.

이 책은 글쓰기 가이드 그 이상입니다. 스토리텔링의 미래를 엿볼 기회입니다. 오랜 경력의 작가이든, 신인이든, 아니면 단순히 AI와 창의성에 대해 호기심이 있는 사람이든 이 책은 꼭 읽어야 할 책입니다.

-샘 알트만, OpenAI CEO

이 책은 스토리텔링의 새로운 시대를 예고합니다. AI가 방대한 심리학 지식으로 탐구한 리어왕의 광기나 AI가 생성한 새로운 운명의 뒤틀림을 헤쳐 나가는 베로나의 불운한 연인들을 상상해 보세요. 이 책은 시대를 초월한 서사 예술과 최첨단 기술 사이의 격차를 훌륭하게 메우며, AI가 위협이 아니라 문학적 우수성을 추구하는 데 있어 강력한 동맹자임을 보여줍니다.

기억하세요. 글에 영혼을 불어넣는 건 작가인 당신입니다.

AI를 두려워하지 마십시오. 스토리텔링의 본질은 변함이 없습니다. AI는 단순히 우리의 세계를 반영하기 위해 더욱 정교한 거울을 제공할 뿐입니다. 이 책이 당신이 새로운 창의적 경지에 도달하고 항상 이야기를 만들 수 있도록 영감을 주기를 바라며, 말로 꿈을 꾸는 모든 사람에게 이 책을 추천합니다.

−윌리엄 셰익스피어, 에이번의 시인

머리말

"챗GPT를 써보니 박사학위 10명은 데리고 일하는 것 같았다."

지난 8월 '손석희의 질문들'에 출연한 황석영 작가의 말입니다. "소설 장길산을 쓸 때 저런 놈(?)이 있었다면 날고 기었겠다"고 덧붙였죠.

이 책은 여러분이 정말 '날고 기게' 하기 위해 탄생했습니다.

여러분의 손에 들려있는 이 책은 단순한 AI 활용 가이드가 아닙니다. '책 쓰기의 미래'에 대한 선언문입니다.

우리는 지금 글쓰기의 새로운 시대를 맞이하고 있습니다. AI의 등장으로 책을 쓰는 과정이 근본적으로 변화하고 있죠. 이 변화는 두렵거나 경계할 대상이 아닙니다. AI는 오히려 우리의 창의성을 증폭시키고, 생각의 지평을 넓혀주는 강력한 도구입니다.

이 책은 AI와 사람이 함께 머리를 맞대고 고민한 결과물입니다. AI의 방대한 지식과 처리 능력에 인간의 경험과 통찰을 결합하여 AI 시대에 맞는 실용적이고 혁신적인 책 쓰기 가이드를 만들어냈습니다. 전통적인 글쓰기 기법부터 최신 AI 활용법까지, 아이디어 구상에서 출판 전략까지 모든 과정을 아우르는 종합적인 안내서입니다.

특히 이 책의 독특한 점은 인간이 던진 궁금중에 AI가 스스로 활용법을 설명한다는 것입니다. 마치 최고의 요리사가 자신의 비법을 공개하는 것처럼, AI는 자신을 어떻게 활용해야 최고의 결과물을 얻을 수 있는지 상세히 안내합니다. 여러분은 이 책을 통해 AI와 직접 대화하는 듯한 경험을 하게 될 것입니다.

우리는 이 책이 예비 작가, 전문 작가, 출판 관계자, 그리고 책 쓰기에 관심 있는 모든 이들에게 실질적인 도움이 되기를 바랍니다. AI를 활용함으로써 여러분은 시간과 비용을 크게 절감하면서도, 더 높은 품질의 책을 쓸 수 있을 것입니다. 이는 단순한 효율성의 향상이 아닌, 창작의 본질에 더 집중할 수 있게 해주는 변화입니다.

물론 AI의 활용이 윤리적, 법적 문제를 동반할 수 있다는 점도 간과하지 않았습니다. 이 책은 이러한 새로운 이슈들에 대해서도 심도 있게 다루고 있습니다.

《AI로 나만의 책 쓰는 법》은 AI와 인간의 협업이 만들어낼 새로운 창작의 세계로의 초대장입니다. 부디 이 책이 여러분의 창작 활동에 믿음직한 동반자가 되기를 바랍니다.

2024년 가을
지은이 케이(Kay)

목차

PART 1 책 쓰기 기본 요령 및 AI 활용 가이드

01 머릿속의 글을 꺼내는 방법 . 15

책 쓰기를 시작하는 기술 • 아이디어 발굴과 발전 • AI를 활용한 브레인스토밍 기법 • 지속적인 글쓰기 습관 만들기

02 책의 구조 잡기 . 20

효과적인 목차 구성하기 • 챕터 구조화 전략 • AI를 이용한 플롯 구상과 전개 • 비선형적 구조의 책 만들기

03 캐릭터와 세계관 개발하기 . 27

다차원적 캐릭터 창조법 • 설득력 있는 세계관 구축하기 • AI로 캐릭터 프로필 만들기 • AI를 활용한 캐릭터 간 관계도 작성

04 효과적인 대화와 묘사 만들기 . 36

생동감 있는 대화 작성법 • 장면 묘사의 기술 • AI를 활용한 다양한 말투 개발 • 감각적 묘사를 위한 AI 프롬프트

05 문체 향상과 일관성 유지하기 . 44

개성 있는 문체 개발하기 • 장르에 맞는 톤과 분위기 설정 • AI를 이용한 문체 일관성 체크 • 다양한 문체 실험과 적용 • AI를 활용한 개인 문체 개발과 강화

묘사 • 사적 경험의 보편적 공감대 만들기 • 윤리적 고려 사항과 법적 문제 피하기 • 사례 연구: AI와 함께 쓰는 '나의 성공 스토리'

PART 3 왕초보를 위한 AI 입문 클래스

별책부록 AI 작가 수업 23강

에필로그

책 쓰기 기본 요령 및 AI활용 가이드

AI로 책 쓰는 법

머릿속의 글을 꺼내는 방법

Message from Writing Guru

"가장 무서운 순간은 항상 시작하기 직전입니다. 그 후로는 상황이 나아질 수밖에 없습니다." – 스티븐 킹

이 문구는 글쓰기의 두려움을 극복하는 데 큰 도움이 됩니다. 킹은 시작의 두려움을 인정하면서도, 일단 시작하면 상황이 개선된다는 희망적 메시지를 전달합니다.

책 쓰기를 시작하는 기술

글을 쓰기 시작하는 건 막막하기 마련이지만 의외로 간단할 수도 있습니다. 다음은 책 쓰기를 시작하는 효과적인 방법들입니다.

1. **주제 선정하기**: 열정을 가지고 있고, 독자들에게 가치를 줄 수 있는 주제를 선택하세요.
2. **개요 작성하기**: 전체적인 구조를 잡아보세요. 이는 나중에 수정할 수 있습니다.
3. **일일 목표 설정하기**: 하루에 쓸 단어 수나 페이지 수를 정해 꾸준히 진행하세요.
4. **편안한 작업 환경 만들기**: 자신만의 공간을 만들어 집중력을 높

이세요.

5. **첫 문장 쓰기:** 완벽할 필요 없습니다. 시작하는 것이 중요합니다.

AI 활용 팁 "[주제]에 대한 책을 쓰려는 데, 조언 5가지를 줄 수 있어?"라고 물어보세요. AI는 당신의 상황에 맞는 조언을 제공합니다.

아이디어 발굴과 발전

아이디어는 어디서나 올 수 있습니다. 중요한 것은 그것을 포착하고 발전시키는 능력입니다.

1. **관찰 노트 작성하기:** 일상에서 보고 듣는 모든 것을 기록하세요.
2. **'만약에' 게임하기:** 평범한 상황에 '만약에'를 더해 새로운 시나리오를 만들어보세요.
3. **다양한 장르 탐험하기:** 평소 읽지 않던 장르의 책을 읽어보세요. 새로운 아이디어가 떠오를 수 있습니다.
4. **뉴스 활용하기:** 현재 이슈를 창의적으로 재해석해 보세요.
5. **아이디어 결합하기:** 관련 없어 보이는 두 개의 아이디어를 결합해 새로운 것을 만들어보세요.

AI를 활용한 브레인스토밍 기법

AI는 브레인스토밍 과정에서 강력한 도구가 될 수 있습니다. 다음은 AI를 활용한 효과적인 브레인스토밍 기법들입니다.

1. **키워드 확장**: 핵심 키워드를 AI에 입력하고 관련 단어나 개념을 요청하세요.
2. **반대 시나리오 탐색**: AI에게 아이디어와 정반대되는 상황을 묘사해달라고 요청하세요.
3. **역사적 유사점**: AI에게 현재 아이디어와 유사한 역사적 사건이나 인물을 찾아달라고 요청하세요.
4. **장르 믹스**: AI에게 두 개의 다른 장르를 결합한 스토리 아이디어를 요청하세요.
5. **캐릭터 상호작용**: AI에게 다른 성격의 캐릭터들이 특정 상황에서 어떻게 반응할지 묘사해달라고 요청하세요.

지속적인 글쓰기 습관 만들기

지속적인 글쓰기 습관은 작가의 성공에 핵심입니다. 다음은 효과적인 글쓰기 습관을 만드는 방법들입니다.

1. **정해진 시간에 쓰기**: 매일 같은 시간에 글을 쓰는 습관을 들이세요.
2. **작은 목표부터 시작하기**: 하루 500단어 같은 작은 목표부터 시작해 점차 늘려나가세요.
3. **방해 요소 제거하기**: 글 쓰는 동안 소셜미디어, 이메일 등을 차단하세요.
4. **보상 시스템 만들기**: 목표를 달성하면 자신에게 작은 보상을 주세요.
5. **글쓰기 그룹 참여하기**: 다른 작가들과 교류하며 동기부여를 받으세요.

AI 활용 팁　"나의 글쓰기 습관을 개선하고 싶어. 효과적인 전략을 제안해 줄래?"라고 요청해 보세요. AI는 당신의 상황에 맞는 맞춤형 조언을 제공합니다.

작가가 글을 쓰고 싶어도 아이디어가 떠오르지 않거나, 아무리 노력해도 글이 잘 풀리지 않는 상황을 작가 블록(writer's block)이라고 합니다. 작가 블록은 모든 작가가 겪는 문제입니다. 그러나 AI라

는 강력한 동반자가 있습니다. AI를 적절히 활용하면서 꾸준히 글을 쓰면, 작가 블록을 극복하고 책 한 권을 완성할 수 있습니다. 기억하세요. 최악의 글이라도 쓰지 않은 것보다는 낫습니다. 자, 이제 펜을 들고 AI와 함께 당신의 이야기를 써 내려가 보세요.

책의 구조 잡기

Message from Writing Guru

"묘사는 작가의 상상력에서 시작되지만, 독자의 상상력에서 완성되어야 합니다." - 스티븐 킹

이 문구는 책의 구조를 잡을 때 중요한 통찰을 제공합니다. 작가는 독자의 상상력을 자극할 수 있는 방식으로 이야기를 구성해야 함을 강조합니다.

효과적인 목차 구성하기

목차는 책의 흐름을 보여주는 중요한 요소입니다. 효과적인 목차는 독자의 관심을 끌고, 책의 내용을 명확하게 전달합니다. 다음은 효과적인 목차를 구성하는 방법입니다.

1. 전체적인 구조 파악하기
   ○ 책의 주제를 3-5개의 큰 부분으로 나눕니다. 이것이 대분류가 됩니다.
   ○ 각 대분류 아래 3-5개의 장(챕터)을 배치합니다.
2. 논리적 흐름 만들기
   ○ 각 장은 자연스럽게 다음 장으로 이어져야 합니다.

○ 내용의 복잡도에 따라 순차적으로 배열합니다.

3. 명확하고 흥미로운 제목 사용하기

○ 각 장의 제목은 내용을 명확히 전달하면서도 독자의 호기심을 자극해야 합니다.

예 '제3장: 캐릭터 만들기' 대신 '제3장: 살아 숨 쉬는 캐릭터의 탄생'

4. 균형 잡힌 분량 유지하기

각 장의 분량이 너무 차이 나지 않도록 합니다.

한 장이 다른 장에 비해 지나치게 길거나 짧다면, 내용을 재조정하거나 분할을 고려합니다.

5. 부록과 색인 활용하기

○ 본문에 포함하기 어려운 추가 정보는 부록으로 넣습니다.

○ 비소설의 경우, 색인을 추가하여 독자가 원하는 정보를 쉽게 찾을 수 있게 합니다.

AI 활용 팁 "나는 [주제]에 대한 책을 쓰려고 해. 효과적인 목차 구성을 위한 아이디어를 제안해 줄 수 있어? 대분류 3-5개와 각 분류 별 3-5개의 장 제목을 제안해 줘"라고 요청해 보세요. AI의 제안을 참고하여 자신만의 목차를 구성해 보세요. AI의 제안을 그대로 사용하기보다는, 이를 참고하여 자신의 아이디어를 발전시키는 것이 좋습니다.

챕터 구조화 전략

각 챕터는 책의 기본 단위로, 잘 구조화된 챕터는 독자의 이해를 돕고 내용을 효과적으로 전달합니다. 다음은 챕터를 구조화하는 전략입니다.

1. **강력한 도입부**
   - 각 챕터의 시작은 독자의 관심을 끌어야 합니다.
   - 흥미로운 사실, 놀라운 통계, 관련 일화 등으로 시작해 보세요.

2. **명확한 주제 제시**
   - 챕터에서 다룰 주요 내용을 간단히 소개합니다.
   - 독자가 이 챕터를 통해 무엇을 얻을 수 있는지 알려줍니다.

3. **논리적인 내용 전개**
   - 주요 아이디어를 논리적 순서로 배열합니다.
   - 각 단락은 하나의 주요 아이디어에 집중합니다.

4. **시각적 요소 활용**
   - 다이어그램, 차트, 표 등을 사용해 복잡한 정보를 시각화합니다.
   - 텍스트 박스를 활용해 중요한 정보를 강조합니다.

5. **예시와 사례 제공**
   - 추상적인 개념을 구체적인 예시로 설명합니다.
   - 독자가 공감할 수 있는 실제 사례를 포함합니다.

6. **소결론과 다음 챕터 연결**
   - 챕터의 주요 내용을 요약합니다.
   - 다음 챕터와의 연결성을 제시해 독자의 관심을 유지합니다.

　　"내가 쓰는 책의 [챕터 제목]에 대해, 효과적인 구조화 방법을 제안해 줄래? 도입부, 주요 섹션, 결론 부분에 대한 아이디어가 필요해"라고 요청해 보세요. AI의 제안을 참고하여 각 챕터의 구조를 설계해 보세요. AI의 제시된 구조를 기반으로, 자신의 아이디어와 스타일을 녹여내는 것이 중요합니다.

AI를 이용한 플롯 구상과 전개

AI는 플롯 구상과 전개에 있어 강력한 도구가 될 수 있습니다. 다음은 AI를 활용한 플롯 구상과 전개 방법입니다.

1. 기본 플롯 구조 생성

- AI에게 기본적인 3막 구조나 영웅의 여정 같은 플롯 구조를 요청합니다.

예 판타지 소설의 3막 구조를 제안해 줄래? 각 막 별로 주요 사건을 포함해 줘.

2. 캐릭터 동기 탐색

- AI를 통해 캐릭터의 다양한 동기와 그에 따른 행동을 탐색합니다.

예 [캐릭터 이름]의 주요 동기 3가지와 그에 따른 가능한 행동을 제안해 줘.

3. 플롯 트위스트 생성

- AI에게 예상치 못한 전개나 반전을 요청합니다.

예 내 소설의 중반부에 놀라운 반전을 주고 싶어. 현재 상황에서 가능한 반전 3가지를 제안해 줘.

4. 서브플롯 개발

○ 주요 플롯을 보완할 서브플롯 아이디어를 AI에게 요청합니다.

예 주인공의 성장 이야기를 보완할 수 있는 서브플롯 아이디어 2-3개를 제안해 줘.

5. 장면 구상

○ 특정 장면에 대한 상세한 묘사나 대화를 AI에게 요청합니다.

예 주인공이 처음으로 적과 대면하는 장면을 구체적으로 묘사해 줘. 환경 설명과 대화를 포함해서.

6. 플롯 흐름 체크

○ AI에게 현재 플롯의 논리적 오류나 개선점을 찾아달라고 요청합니다.

예 지금까지의 플롯 요약을 제시할게. 여기서 발견되는 논리적 오류나 개선점을 지적해 줘.

AI 활용 시 주의사항

▫ AI의 제안은 참고 사항일 뿐, 최종 결정은 작가인 당신이 해야 합니다.

▫ AI가 제안한 아이디어를 그대로 사용하기보다는, 그것을 바탕으로 자신만의 독창적인 아이디어를 발전시키는 것이 중요합니다.

▫ 저작권 문제를 피하고자, AI가 제공한 구체적인 문장이나 장면 묘사는 직접 재작성하는 것이 좋습니다.

비선형적 구조의 책 만들기

전통적인 선형적 구조를 벗어나 비선형적 구조의 책을 만드는 것도 흥미로운 시도가 될 수 있습니다. 비선형적 구조는 독자에게 새로운 경험을 제공하고, 복잡한 주제를 다각도로 탐험할 수 있게 해줍니다. 다음은 비선형적 구조의 책을 만드는 방법입니다.

1. **모듈식 구조**
   - 각 챕터나 섹션을 독립적으로 읽을 수 있게 구성합니다.
   - 독자가 원하는 순서로 책을 읽을 수 있게 합니다.

2. **다중 시점 활용**
   - 같은 사건을 여러 캐릭터의 시점에서 서술합니다.
   - 각 시점을 별도의 챕터로 구성하고, 독자가 선택할 수 있게 합니다.

3. **시간의 비선형성**
   - 과거, 현재, 미래를 오가는 구조를 만듭니다.
   - 각 시간대를 별도의 스토리 라인으로 발전시킵니다.

4. **인터랙티브 요소 도입**
   - 독자의 선택에 따라 이야기가 달라지는 구조를 만듭니다.
   - 디지털 책의 경우, 하이퍼링크를 활용해 다양한 경로를 제공합니다.

5. **주제별 구성**
   - 시간 순서나 인과관계가 아닌, 주제나 키워드 중심으로 구성합

니다.

 ○ 각 주제를 다양한 각도에서 탐구합니다.

AI 활용 팁   "나는 [주제/장르]의 비선형적 구조의 책을 쓰고 싶어. 독특한 구조 아이디어 3가지를 제안해 줄래? 아이디어별로 장단점도 설명해 줘"라고 요청해 보세요. AI의 제안을 참고하여, 자신의 책에 적용할 수 있는 비선형적 구조를 구상해 보세요. 이 과정에서 AI와의 대화를 통해 다양한 가능성을 탐색할 수 있습니다.

비선형적 구조 사용 시 주의사항

☐ 독자가 혼란스러워하지 않도록 명확한 안내와 설명을 제공해야 합니다.

☐ 비선형적 구조가 내용 전달에 방해가 되지 않도록 주의해야 합니다.

☐ 모든 독자가 전체 내용을 이해할 수 있도록, 핵심 정보는 반복해서 제시하는 것이 좋습니다.

책의 구조를 잡는 것은 창의적이면서도 전략적인 과정입니다. AI는 이 과정에서 다양한 아이디어와 가능성을 제시해 주는 강력한 도구가 될 수 있습니다. 그러나 최종적인 결정과 창의적인 글다듬기는 작가인 당신의 몫입니다. AI의 제안을 참고하되, 자신만의 독특한 시각과 스타일을 잃지 않는 것이 중요합니다.

책의 구조는 독자를 위한 지도이자, 당신의 아이디어를 효과적으로 전달하는 틀이 잡힌 체계입니다. 신중하게, 그리고 창의적으로 구조를 설계하여 독자들에게 잊지 못할 여정을 선사하세요.

캐릭터와 세계관 개발하기

"나는 흑백의 캐릭터를 믿지 않습니다.(중략) 어떤 이는 매우 어두운 회색이고 어떤 이는 대부분 하얗지만 여전히 가끔 결점을 가지고 있습니다." - 조지 마틴

이 인용문은 마틴의 복잡하고 현실적인 캐릭터 창조 철학을 잘 보여줍니다. 그는 단순히 선과 악으로 구분되는 캐릭터가 아닌, 다양한 면모를 지닌 입체적인 인물을 만들어내는 것의 중요성을 강조합니다.

다차원적 캐릭터 창조법

다차원적 캐릭터는 단순한 역할이 아닌, 복잡한 내면과 동기를 가진 실제 인물처럼 느껴집니다. 다음은 다차원적 캐릭터를 만드는 방법입니다.

1. 배경 스토리 개발
   - 캐릭터의 과거 경험, 가족 관계, 교육 배경 등을 상세히 설정합니다.
   - 트라우마나 결정적 사건을 포함해 캐릭터의 행동 동기를 만듭니다.
2. 내적 갈등 설정

○ 캐릭터의 욕구와 두려움, 가치관 사이의 충돌을 만듭니다.

예 정의를 추구하는 경찰이지만 부패한 시스템 속에서 윤리적 딜레마에 빠집니다.

3. 장단점 균형

○ 완벽한 영웅이나 순수한 악당은 없습니다. 모든 캐릭터에게 장단점을 부여합니다.

○ 강점이 때로는 약점이 되는 상황을 만들어보세요.

4. 독특한 습관과 별난 점

○ 캐릭터만의 특별한 습관이나 별난 점을 설정해 개성을 부여합니다.

예 긴장할 때마다 안경을 고치는 습관, 특정 단어를 반복해서 사용하는 말버릇 등을 설정합니다.

5. 성장 곡선 설계

○ 이야기 진행에 따라 캐릭터가 어떻게 변화하고 성장할지 계획합니다.

○ 캐릭터의 신념이 도전받고 변화하는 지점을 만듭니다.

6. 다양한 관계 형성

○ 다른 캐릭터들과의 관계를 통해 캐릭터의 다양한 면모를 보여줍니다.

○ 적과의 관계, 연인과의 관계, 멘토와의 관계 등 다양한 관계를 설정합니다.

AI 활용 팁　"나는 [캐릭터의 기본 설정]인 주인공을 만들고 있어. 이 캐릭터를 더 다차원적으로 만들기 위한 아이디어를 5가지 제안해 줄래? 내적 갈등, 독특한 습관, 예상치 못한 기술 등을 포함해 줘"라고 요청해 보세요. AI의 제안을 참고해 캐릭터를 더욱 풍부하게 발전시켜 보세요. AI의 제안을 그대로 사용하기보다는, 그것을 출발점으로 삼아 자신만의 독특한 캐릭터를 만들어가는 것이 중요합니다.

설득력 있는 세계관 구축하기

설득력 있는 세계관은 이야기에 깊이와 현실감을 더해줍니다. 특히 판타지나 SF 장르에서는 세계관 구축이 매우 중요합니다. 다음은 설득력 있는 세계관을 만드는 방법입니다.

1. **역사 만들기**
   - 현재의 세계가 있기까지의 역사를 만듭니다.
   - 주요 사건, 전쟁, 혁명 등을 포함해 세계의 현재 모습을 설명합니다.

2. **사회 구조 설계**
   - 정치 체제, 경제 시스템, 계급 구조 등을 설정합니다.
   - 이러한 구조가 캐릭터들의 삶에 어떤 영향을 미치는지 고려합니다.

3. **문화와 종교 개발**
   - 세계의 주요 문화권과 종교를 만들고, 그들의 가치관과 관습을 정의합니다.

○ 이러한 문화적, 종교적 요소가 이야기에 어떤 영향을 미칠지 고려합니다.

4. 지리와 환경 설정

○ 세계의 지리적 특성, 기후, 생태계 등을 설정합니다.

○ 이러한 환경이 문명과 문화 발전에 어떤 영향을 미쳤는지 고려합니다.

5. 기술과 마법 체계 구축

○ 세계의 기술 수준이나 마법 체계를 정의합니다.

○ 이러한 요소들이 일상생활과 사회 구조에 미치는 영향을 고려합니다.

6. 규칙과 제한 설정

○ 세계가 작동하는 기본 규칙을 정합니다.

○ 캐릭터들이 직면하는 제한 사항들을 만들어 갈등의 소지를 만듭니다.

7. 일관성 유지

○ 세계의 모든 요소가 서로 일관성 있게 연결되도록 합니다.

○ 모순되는 요소가 없는지 지속적으로 체크합니다.

AI 활용 팁   "나는 [기본 설정]인 판타지 세계를 만들고 있어. 이 세계를 더 풍부하고 설득력 있게 만들기 위한 아이디어를 제안해 줄래? 독특한 문화적 요소, 흥미로운 역사적 사건, 특별한 마법 체계 등을 포함해 줘"라고 요청해 보세요. AI의 제안을 참고해 세계관을 확장하고 깊이를 더해보세요. AI의 제안을 출발점으로 삼아, 자신만의 독특하고 일관된 세계를 만들어가는 것이 중요합니다.

AI로 캐릭터 프로필 만들기

AI는 다양하고 복잡한 캐릭터 프로필을 빠르게 생성하는 데 도움을 줄 수 있습니다. 다음은 AI를 활용해 캐릭터 프로필을 만드는 방법입니다.

1. **기본 정보 생성**
   - AI에게 캐릭터의 이름, 나이, 직업, 외모 등 기본 정보를 요청합니다.
   - 예 30대 여성 형사 캐릭터의 기본 프로필을 만들어줘. 이름, 나이, 외모 특징을 포함해.

2. **성격 특성 개발**
   - AI에게 MBTI나 에니어그램 같은 성격 유형을 기반으로 한 성격 특성을 요청합니다.
   - 예 INTJ 성격 유형을 가진 이 캐릭터의 주요 성격 특성 5가지를 제안해 줘.

3. **배경 스토리 생성**
   - AI에게 캐릭터의 과거 경험, 가족 관계, 교육 배경 등을 요청합니다.
   - 예 이 캐릭터의 어린 시절부터 현재까지의 주요 사건들을 시간순으로 나열해 줘.

4. **장단점 및 기술 설정**
   - AI에게 캐릭터의 강점, 약점, 특별한 기술 등을 요청합니다.

예 이 형사 캐릭터의 직업적 강점 3가지와 개인적 약점 2가지를 제안해 줘.

5. 목표와 동기 부여

○ AI에게 캐릭터의 단기 및 장기 목표, 그리고 그 이면의 동기를 요청합니다.

예 이 캐릭터의 직업적 목표와 개인적 목표, 그리고 각 목표의 숨겨진 동기를 설명해 줘.

6. 관계 네트워크 구축

○ AI에게 캐릭터의 주요 인간관계와 각 관계의 특성을 요청합니다.

예 이 캐릭터의 가족, 동료, 적대 관계에 있는 사람들을 만들어주고, 각 관계의 특징을 설명해 줘.

AI 활용 시 주의사항

- AI가 생성한 프로필은 출발점으로 삼되, 자신만의 창의성을 더해 캐릭터를 발전시켜야 합니다.
- AI가 제안한 요소들 중 이야기의 전체적인 흐름과 맞지 않는 부분은 과감히 수정하거나 제거합니다.
- 여러 번의 요청과 수정을 통해 점진적으로 캐릭터를 발전시켜 나갑니다.

AI를 활용한 캐릭터 간 관계도 작성

캐릭터 간의 복잡한 관계는 이야기에 깊이와 긴장감을 더해줍니다. AI를 활용해 다양하고 흥미로운 캐릭터 관계도를 만들어보세요.

1. **주요 관계 유형 설정**
   ○ AI에게 다양한 관계 유형을 요청합니다.
   예 내 소설의 주요 캐릭터들 사이에 있을 수 있는 흥미로운 관계 유형 10가지를 제안해줘. 가족, 연인, 라이벌 등 다양한 관계를 포함해.

2. **관계의 역학 탐구**
   ○ 각 관계에 대한 세부적인 역학을 AI에게 요청합니다.
   예 주인공과 그의 멘토 사이의 관계를 더 복잡하게 만들 수 있는 요소들을 5가지 제안해 줘.

3. **숨겨진 연결고리 만들기**
   ○ AI에게 캐릭터들 사이의 예상치 못한 연결고리를 요청합니다.
   예 주인공과 적대적 관계인 두 캐릭터 사이에 있을 수 있는 숨겨진 연결고리 3가지를 제안해 줘.

4. **관계의 변화 예측**
   ○ AI에게 시간에 따른 관계의 변화 가능성을 요청합니다.
   예 현재 적대적인 이 두 캐릭터의 관계가 이야기 진행에 따라 어떻게 변할 수 있을지 3가지 시나리오를 제시해 줘.

5. **그룹 다이나믹스 설계**
   ○ 여러 캐릭터가 포함된 그룹의 관계 역학을 AI에게 요청합니다.

예 5명으로 구성된 주인공 팀 내부의 관계 역학을 설명해 줘. 각자의 역할, 갈등 요소, 협력 방식 등을 포함해.

6. 관계도 시각화

○ AI에게 관계도의 구조를 텍스트로 설명해달라고 요청합니다.

예 지금까지 논의한 캐릭터 관계를 도표 형식으로 표현하고 싶어. 각 캐릭터를 노드로, 관계를 선으로 표현하는 구조를 텍스트로 설명해 줘.

AI 활용 팁

□ AI가 제안한 관계도를 바탕으로, 실제로 도표나 마인드맵을 그려보세요. 이를 통해 전체적인 관계의 구조를 한눈에 파악할 수 있습니다.

□ AI에게 특정 상황에서 각 캐릭터가 어떻게 반응할지 물어보면서 관계의 역학을 더 깊이 탐구할 수 있습니다.

□ AI가 제안한 관계를 기반으로, 이야기의 주요 사건들이 이러한 관계에 어떤 영향을 미칠지 고민해 보세요.

AI 활용 시 주의사항

□ AI가 제안한 관계들이 너무 복잡하거나 과도하게 드라마틱하지 않은 지 점검하세요.

□ 모든 관계가 이야기의 중심 주제나 플롯과 연관성이 있는지 확인하세요.

□ 스테레오타입에 빠지지 않도록 주의하며, 필요하다면 AI에게 고정관념을 벗어난 관계 제안을 요청하세요.

캐릭터와 세계관 개발은 창작의 가장 흥미로운 부분 중 하나입니다. AI는 이 과정에서 무한한 가능성을 제시해 주는 훌륭한 브레인스토밍 파트너가 될 수 있습니다. 하지만 최종적인 선택과 조율은 작가인 당신의 몫입니다. AI의 제안을 창의적인 출발점으로 삼아, 당신만의 독특하고 매력적인 캐릭터와 세계를 만들어가세요.

캐릭터와 세계관은 이야기의 근간입니다. 이들이 풍부하고 설득력 있을 때, 독자들은 자연스럽게 이야기에 몰입하게 됩니다. AI의 도움을 받아 더욱 다채롭고 깊이 있는 캐릭터와 세계를 만들어, 독자들의 마음속에 오래도록 남을 이야기를 써 내려가세요.

마지막으로, 캐릭터와 세계관 개발에 있어 가장 중요한 것은 일관성과 진정성입니다. 아무리 흥미롭고 독특한 설정이라도, 내적 논리가 부족하거나 작가의 진심이 담기지 않으면 독자들의 공감을 얻기 어렵습니다. AI의 제안을 참고하되, 항상 당신만의 비전과 메시지를 잃지 않도록 주의하세요.

이 장을 마무리하며, 조지 R.R. 마틴의 또 다른 명언을 되새겨봅시다.

"훌륭한 작가는 독자들이 캐릭터에 대해 궁금해하고, 그들의 미래를 걱정하게 만든다."

AI의 도움을 받아 만든 당신의 캐릭터들이, 독자들의 마음속에 살아 숨 쉬는 존재가 되기를 바랍니다. 그들의 여정이 독자들의 삶에 영감을 주고, 당신이 전하고자 하는 메시지를 효과적으로 전달할 수 있기를 희망합니다.

효과적인 대화와 묘사 만들기

"만약 그것이 글쓰기처럼 들린다면, 나는 다시 씁니다." - 엘모어 레너드

이 간결한 문장은 자연스러운 대화의 중요성을 강조합니다. 레너드는 대화가 실제 사람들이 말하는 것처럼 들려야 하며, 인위적이거나 과장되지 않아야 한다고 믿었습니다.

생동감 있는 대화 작성법

생동감 있는 대화는 캐릭터의 개성을 드러내고 이야기를 진전시킵니다. 다음은 효과적인 대화를 작성하는 방법입니다.

1. 캐릭터의 목소리 찾기
   - 각 캐릭터만의 독특한 말투, 어휘, 리듬을 개발합니다.
   - 캐릭터의 배경, 교육 수준, 성격을 반영한 대화를 만듭니다.
2. 서브 텍스트 활용
   - 캐릭터가 말하는 것과 실제로 의미하는 것 사이의 간극을 만듭니다.
   - 숨겨진 의도나 감정을 대화의 뉘앙스로 표현합니다.

3. 자연스러운 흐름 만들기

- 실제 대화처럼 중단, 반복, 말줄임표 등을 사용합니다.
- 모든 문장을 완벽하게 구성하지 않고, 일상적인 말실수나 문법적 오류를 포함시킵니다.

4. 행동과 함께 표현하기

- 대화와 함께 캐릭터의 행동, 표정, 제스처를 묘사합니다.
- 이를 통해 대화에 더 많은 맥락과 감정을 부여합니다.

5. 갈등과 긴장감 만들기

- 대화를 통해 캐릭터 간의 갈등을 드러냅니다.
- 말하지 않은 것, 회피하는 주제 등을 통해 긴장감을 조성합니다.

`AI 활용 팁` "내 소설의 주인공은 [캐릭터 설명]이야. 이 캐릭터의 특징을 잘 드러내는 대화 예시를 5개 만들어줘. 각 대화는 다른 상황에서 이뤄지는 걸로 해줘"라고 요청해 보세요. AI의 제안을 참고하여 캐릭터의 독특한 말투를 발전시켜 보세요. AI가 제시한 대화를 그대로 사용하기보다는, 그것을 바탕으로 자신만의 스타일로 재해석하는 것이 중요합니다.

장면 묘사의 기술

효과적인 장면 묘사는 독자를 이야기 속으로 끌어들이는 강력한 도구입니다. 다음은 생생한 장면 묘사를 위한 기술입니다.

1.감각적 세부 사항 활용

○ 시각, 청각, 후각, 촉각, 미각 등 모든 감각을 활용합니다.

○ 구체적이고 독특한 세부 사항을 포함시켜 현실감을 높입니다.

2.분위기 조성

○ 날씨, 조명, 소리 등을 통해 장면의 전반적인 분위기를 만듭니다.

○ 은유와 비유를 사용해 감정적인 톤을 설정합니다.

3.동적 묘사

○ 정적인 설명보다는 동작과 변화를 포함한 묘사를 합니다.

○ 장면의 움직임과 리듬감을 표현합니다.

4.선택적 집중

○ 모든 것을 상세히 묘사하기보다, 중요한 요소에 집중합니다.

○ 캐릭터의 시점에서 가장 인상적인 부분을 강조합니다.

5.대조와 비교 활용

○ 대조되는 요소들을 병치시켜 강렬한 인상을 줍니다.

○ 익숙한 것과 낯선 것을 비교하여 독자의 상상력을 자극합니다.

AI 활용 팁 "내 소설의 중요한 장면은 [장면 설명]이야. 이 장면을 생생하게 묘사하는 문단을 3개 만들어줘. 각 문단은 다른 감각에 초점을 맞춰줘"라고 요청해 보세요. AI의 제안을 참고하여 장면 묘사를 풍부하게 만들어보세요. AI가 제시한 묘사를 그대로 사용하기보다는, 그것에서 영감을 받아 자신만의 독특한 시각으로 장면을 재구성하는 것이 중요합니다.

AI를 활용한 다양한 말투 개발

AI는 다양한 말투와 대화 스타일을 개발하는 데 큰 도움을 줄 수 있습니다. 다음은 AI를 활용해 캐릭터의 말투를 개발하는 방법입니다.

1. **기본 특성 설정**
   - AI에게 캐릭터의 나이, 직업, 교육 수준, 성격 등 기본 특성을 제공합니다.
   - **예** 이 캐릭터는 50대의 퇴역 군인이며, 약간 고집스럽고 직설적인 성격의 캐릭터야.

2. **문화적 배경 반영**
   - 캐릭터의 출신 지역, 문화적 배경을 AI에게 알려줍니다.
   - **예** 이 캐릭터는 서울 출신이지만 20년간 부산에서 살았어. 부산 사투리와 서울말이 섞인 독특한 말투를 가지고 있어.

3. **특정 시대나 장르 스타일 요청**
   - 역사 소설이나 SF 등 특정 장르의 말투를 AI에게 요청합니다.
   - **예** 1920년대 경성을 배경으로 한 소설이야. 그 시대 지식인의 말투를 재현해 줘.

4. **감정 상태 반영**
   - 캐릭터의 현재 감정 상태에 따른 말투 변화를 요청합니다.
   - **예** 이 캐릭터가 화가 났을 때, 평소와 어떻게 다른 말투를 사용할지 예시를 들어줘.

5. **말버릇이나 반복 패턴 만들기**

   ○ 캐릭터만의 독특한 말버릇이나 자주 사용하는 표현을 요청합
   니다.

   예 이 캐릭터가 자주 사용할 법한 독특한 비유나 은어 5개를 만들
   어줘.

6. **대화 상황 시뮬레이션**

   ○ 특정 상황에서의 대화를 AI에게 요청하여 말투의 일관성을 체
   크합니다.

   예 이 캐릭터가 상사와 대화할 때와 친구와 대화할 때의 말투 차이
   를 보여주는 예시를 만들어줘.

AI 활용 시 주의사항

▢ AI가 제안한 말투는 출발점으로 삼되, 캐릭터의 깊이와 일관성을 위해 계속
해서 수정하고 발전시켜야 합니다.

▢ 고정관념에 빠지지 않도록 주의하며, 필요하다면 AI에게 고정관념을 벗어난
말투 제안을 요청합니다.

▢ AI가 생성한 대화를 그대로 사용하기보다는, 그것을 참고하여 자신만의 스타
일로 재해석하는 것이 중요합니다.

감각적 묘사를 위한 AI 프롬프트

감각적 묘사는 독자를 이야기 속으로 끌어들이는 강력한 도구입
니다. AI를 활용해 더욱 풍부하고 생생한 묘사를 만들어보세요.

1. 시각적 묘사 강화

- AI에게 특정 장면의 시각적 요소를 상세히 묘사해달라고 요청합니다.
- 예 해 질 녘 도시 뒷골목의 모습을 묘사해 줘. 색감, 그림자, 빛의 변화 등을 포함해서.

2. 청각적 요소 추가

- 장면의 소리를 AI에게 요청하여 현실감을 높입니다.
- 예 번화가의 소음을 묘사해 줘. 사람들의 대화, 차량 소리, 음악 등을 포함해서.

3. 후각적 경험 만들기

- AI에게 특정 장소나 상황의 냄새를 묘사해달라고 요청합니다.
- 예 오래된 도서관의 냄새를 표현해 줘. 책 냄새, 먼지 냄새 등을 포함해서.

4. 촉각적 세부 사항 추가

- 물체의 질감이나 온도 등을 AI에게 요청하여 묘사에 깊이를 더합니다.
- 예 폭풍우 직전의 대기 상태를 촉각적으로 묘사해 줘.

5. 미각적 경험 묘사

- 음식이나 음료의 맛을 생생하게 표현해달라고 AI에게 요청합니다.
- 예 처음 맛보는 이국적인 요리의 맛을 상세히 묘사해 줘.

6. 감각의 혼합과 연결

- 여러 감각을 결합한 복합적인 경험을 AI에게 요청합니다.

예 가을 축제 현장의 분위기를 모든 감각을 동원해 묘사해 줘.

7. 감정과 연결된 감각 묘사

○ 특정 감정과 연결된 감각적 경험을 AI에게 요청합니다.

예 첫사랑을 만났을 때의 감각적 경험을 묘사해 줘. 심장 박동, 손바닥의 땀 등을 포함해서.

AI 활용 팁

□ AI에게 구체적이고 독특한 상황을 제시하여 진부한 묘사를 피합니다.

□ AI의 제안을 바탕으로, 자신만의 경험과 상상력을 더해 묘사를 발전시킵니다.

□ 다양한 문학 작품의 우수한 묘사 사례를 AI에게 학습시켜, 더 높은 수준의 묘사를 요청할 수 있습니다.

AI 활용 시 주의사항

□ AI가 제안한 묘사가 너무 과도하거나 클리셰에 빠지지 않았는지 주의 깊게 검토합니다.

□ 모든 감각을 한꺼번에 사용하려 하지 말고, 상황에 가장 적절한 감각을 선택적으로 활용합니다.

□ AI의 묘사를 그대로 사용하기보다는, 그것에서 영감을 받아 자신만의 스타일로 재해석하는 것이 중요합니다.

효과적인 대화와 묘사는 이야기에 생명을 불어넣는 핵심 요소입니다. AI는 이 과정에서 무한한 가능성과 아이디어를 제공해 주는 강력한 도구가 될 수 있습니다. 하지만 최종적인 선택과 조율은 작가인 당신의 몫입니다. AI의 제안을 창의적인 출발점으로 삼아, 당신만의 독특하고 매력적인 대화와 묘사를 만들어가세요.

마지막으로, 엘모어 레너드의 또 다른 조언을 되새겨봅시다.
"내가 잘 쓰는 부분은 독자들이 건너뛰는 부분이다."
이 말은 과도한 묘사나 불필요한 대화를 피하라는 경고입니다.
AI의 도움을 받아 풍부한 대화와 묘사를 만들되, 항상 독자의 흥미
를 유지하는 것이 중요합니다.

문체 향상과 일관성 유지하기

"지옥으로 가는 길은 부사로 포장되어 있다." - 스티븐 킹

이 유명한 문구는 과도한 수식어 사용을 경계하고 간결한 문체를 선호하는 킹의 철학을 잘 보여줍니다. 킹은 작가들이 불필요한 수식어를 줄이고 강력하고 직접적인 표현을 사용해야 한다고 주장합니다.

개성 있는 문체 개발하기

개성 있는 문체는 작가의 고유한 목소리를 만드는 핵심 요소입니다. 다음은 자신만의 문체를 개발하는 방법입니다.

1. **자신의 강점 파악하기**
   - 자신이 가장 잘 표현하는 것이 무엇인지 파악합니다.
   - 간결한 문장, 풍부한 묘사, 재치 있는 대화 등 자신의 강점을 찾아 발전시킵니다.
2. **리듬감 만들기**
   - 문장의 길이와 구조를 다양하게 변주합니다.
   - 짧은 문장과 긴 문장을 적절히 혼합하여 리듬감을 만듭니다.

3. **독특한 비유와 은유 사용**

   ○ 흔하지 않은 비유와 은유를 개발합니다.

   ○ 자신만의 경험과 관점에서 나오는 독특한 표현을 만듭니다.

4. **어휘 확장하기**

   ○ 다양한 독서를 통해 어휘를 확장합니다.

   ○ 특히 자신이 쓰고자 하는 장르나 주제와 관련된 전문 용어를 익힙니다.

5. **문장 구조 실험**

   ○ 다양한 문장 구조를 시도해 봅니다.

   ○ 도치법, 병렬 구조, 생략 등 다양한 수사법을 활용합니다.

AI 활용 팁　"내가 쓴 글의 일부를 줄 테니, 이 글의 문체적 특징을 분석해 줘. 그리고 이 문체를 더욱 독특하게 만들 방법을 제안해 줘"라고 요청해 보세요. AI의 분석을 참고해 문체를 발전시키세요. AI가 제시한 방법을 그대로 따르기보다는, 그것을 출발점으로 삼아 자신만의 고유한 목소리를 찾아가는 것이 중요합니다.

장르에 맞는 톤과 분위기 설정

장르마다 적합한 톤과 분위기가 있습니다. 이를 잘 활용하면 독자의 기대에 부응하면서도 독특한 경험을 제공할 수 있습니다. 다음은 장르별 톤과 분위기 설정 방법입니다.

1. 로맨스

- 따뜻하고 감성적인 톤을 유지합니다.
- 감각적 묘사와 내적 독백을 활용하여 감정을 풍부하게 표현합니다.

2. 스릴러/미스터리

- 긴장감 있고 간결한 문체를 사용합니다.
- 불확실성과 의혹을 조성하는 표현을 활용합니다.

3. 판타지

- 풍부하고 상상력 넘치는 묘사를 사용합니다.
- 신화적, 서사시적 어조를 적절히 활용합니다.

4. SF

- 정확하고 과학적인 용어를 사용합니다.
- 미래 세계를 설득력 있게 그리는 세부 묘사에 집중합니다.

5. 역사 소설

- 시대에 맞는 언어와 표현을 사용합니다.
- 역사적 사실과 허구를 자연스럽게 조합합니다.

AI 활용 팁　"내가 쓰는 [장르] 소설의 한 장면을 줄 테니, 이 장르에 더 적합한 톤과 분위기로 다시 써줘. 그리고 변경된 부분과 그 이유를 설명해 줘"라고 요청해 보세요. AI의 재작성과 설명을 참고해 장르에 맞는 톤과 분위기를 발전시키세요. 장르의 관습을 따르면서도 자신만의 독특한 전개를 더 하는 것을 잊지 마세요.

AI를 이용한 문체 일관성 체크

문체의 일관성은 독자가 이야기에 몰입하는 데 중요한 요소입니다. AI를 활용하면 긴 글에서도 문체의 일관성을 효과적으로 유지할수 있습니다. 다음은 AI를 이용한 문체 일관성 체크 방법입니다.

1. **어휘 사용 분석**
   - AI에게 전체 텍스트의 어휘 사용 패턴을 분석해달라고 요청합니다.
   - 특정 단어나 표현의 과도한 반복, 또는 갑작스러운 어조 변화를 체크합니다.

2. **문장 구조 일관성 확인**
   - AI에게 문장 길이와 구조의 변화를 분석해달라고 요청합니다.
   - 특정 부분에서 문장 구조가 크게 달라지지 않았는지 확인합니다.

3. **인칭과 시점 일관성 체크**
   - AI에게 전체 텍스트에서 인칭과 시점의 변화를 체크해달라고 요청합니다.
   - 의도하지 않은 시점 변화가 있는지 확인합니다.

4. **문체 요소 추적**
   - 특정 문체 요소(예시: 비유, 은유, 직유)의 사용 빈도와 패턴을 AI에게 분석해달라고 요청합니다.
   - 이러한 요소들이 일관되게 사용되고 있는지 확인합니다.

5.캐릭터 대화 스타일 일관성

  ○ AI에게 각 캐릭터의 대화 스타일을 분석해달라고 요청합니다.

  ○ 캐릭터별로 일관된 말투와 어휘 사용이 유지되고 있는지 확인
    합니다.

AI 활용 팁　"내가 쓴 글의 전체를 줄 테니, 문체의 일관성을 분석해 줘.
특히 어휘 사용, 문장 구조, 톤의 변화 등에 주목해서 일관성이 깨지는 부분
이 있다면 지적해 줘"라고 요청해 보세요. AI의 분석 결과를 바탕으로 문체
의 일관성을 개선하세요. 하지만 완벽한 일관성보다는 의도적인 변주를 통
해 글에 리듬감을 주는 것도 중요합니다.

다양한 문체 실험과 적용

　다양한 문체를 실험하고 적용해 보는 것은 작가로서의 성장에 있
어 매우 중요합니다. AI를 활용하면 더 쉽고 효과적으로 다양한 문체
를 탐험할 수 있습니다. 다음은 AI를 활용한 문체 실험 방법입니다.

1.유명 작가의 문체 모방

  ○ AI에게 특정 작가의 문체 특징을 분석해달라고 요청합니다.

  ○ 그 작가의 스타일로 자신의 글을 재작성해 보도록 요청합니다.

2.시대별 문체 실험

  ○ 특정 시대의 문학 스타일을 AI에게 설명해달라고 요청합니다.

  ○ 그 시대의 문체로 현대의 이야기를 써보도록 요청합니다.

3. 장르 크로스오버

○ 다른 장르의 문체 특징을 AI에게 분석해달라고 요청합니다.

○ 원래 장르와 다른 장르의 문체를 혼합해 글을 재작성해 보도
록 요청합니다.

4. 실험적 문체 시도

○ AI에게 독특하고 실험적인 문체 아이디어를 제안해달라고 요
청합니다.

○ 그 아이디어를 바탕으로 짧은 글을 써보도록 요청합니다.

5. 다양한 문장 구조 실험

○ AI에게 다양한 문장 구조(예시: 도치법, 병렬 구조, 생략법 등)
를 활용한 문단을 작성해달라고 요청합니다.

○ 이를 참고해 자신의 글에 다양한 문장 구조를 적용해 봅니다.

AI 활용 팁 "내가 쓴 짧은 글을 5가지 다른 문체로 재작성해 줘. 각각
로맨틱한 스타일, 미니멀리즘 스타일, 과장된 스타일, 학술적 스타일, 그리
고 시적인 스타일로 바꿔줘"라고 요청해 보세요. AI가 제시한 다양한 문체
버전을 비교 분석하며, 각 문체의 특징과 효과를 이해하고 자신의 글쓰기에
적용해 보세요.

AI 활용 시 주의사항

□ AI의 제안을 그대로 사용하기보다는 학습과 영감의 도구로 활용하세요.

□ 지나치게 많은 문체 실험은 자신의 고유한 목소리를 잃게 할 수 있으니 주의
하세요.

□ 실험을 통해 배운 것들을 자신의 스타일에 자연스럽게 융합시키는 것이 중요
합니다.

AI를 활용한 개인 문체 개발과 강화

작가로서 독특한 문체를 개발하는 것은 매우 중요합니다. AI는 이 과정을 더욱 효율적이고 체계적으로 만들어줄 수 있습니다. 이 섹션에서는 AI를 활용해 개인 문체를 개발하고 강화하는 방법을 살펴보겠습니다.

AI 분석을 통한 자신의 문체 특징 파악

AI는 방대한 텍스트를 빠르게 분석하여 문체의 특징을 추출할 수 있습니다. 이를 활용하면 자신의 글쓰기 스타일을 객관적으로 파악할 수 있습니다.

1. **텍스트 분석 도구 활용**
   - 자신의 글을 AI 텍스트 분석 도구에 입력하여 문장 구조, 어휘 사용, 리듬 등을 분석합니다.

   예 내 글을 분석해서 가장 자주 사용하는 문장 구조와 어휘를 알려줘.

2. **감정 분석**
   - AI를 사용해 글의 전반적인 톤과 감정을 분석합니다.

   예 이 텍스트의 전반적인 감정 톤을 분석하고, 가장 강하게 나타나는 감정을 알려줘.

3. 비교 분석

- 자신의 글을 다른 작가들의 글과 비교 분석하여 차이점을 파악합니다.
  - **예** 내 글과 헤밍웨이의 글을 비교 분석해서 주요 차이점을 설명해 줘.

AI 활용 팁   "다음 텍스트를 분석하여 문체의 주요 특징을 5가지로 요약해줘. 문장 길이, 어휘 수준, 수사법 사용, 시제 사용, 대화체 비중 등을 포함해서"라고 요청해보세요.

AI 제안을 바탕으로 문체 실험 및 개선

AI의 분석 결과를 바탕으로 다양한 문체 실험을 할 수 있습니다. AI는 새로운 표현 방식을 제안하고, 실험 결과를 평가하는 데 도움을 줄 수 있습니다.

1. 문체 변형 실험

- AI에게 같은 내용을 다양한 문체로 써달라고 요청하여 비교해 봅니다.
  - **예** 이 단락을 더 간결한 문체로 다시 써줘. 그리고 더 서정적인 문체로도 써줘.

2. 어휘 확장

- AI를 활용해 자주 사용하는 단어의 동의어나 더 고급 표현을 찾아봅니다.

예 이 문장에서 사용된 일상적인 단어들을 더 문학적인 표현으로 바꿔줘.

3. 리듬 개선
   ○ AI에게 문장의 리듬을 분석하고 개선 방안을 요청합니다.

   예 이 단락의 문장 리듬을 분석하고, 더 흐름이 좋게 만들어줘.

AI 활용 팁   "다음 텍스트를 세 가지 다른 문체로 다시 써줘. 1) 간결하고 힘 있는 문체, 2) 서정적이고 묘사적인 문체, 3) 유머러스하고 가벼운 문체로"라고 요청해 보세요.

AI와의 협업을 통한 독창적 문체 창조

AI를 단순한 도구가 아닌 창작 파트너로 활용하면, 전에 없던 새로운 문체를 만들어낼 수 있습니다.

1. 하이브리드 문체 개발
   ○ AI가 제안한 여러 문체의 요소를 결합하여 새로운 스타일을 만듭니다.

   예 헤밍웨이의 간결함과 프루스트의 심리 묘사를 결합한 문체로 이 장면을 다시 써줘.

2. 실험적 기법 탐험
   ○ AI에게 전통적인 문체 규칙을 벗어난 실험적 기법을 제안받습니다.

예 시간의 흐름을 역행하는 방식으로 이 이야기를 다시 구성해 줘.

3. 개인화된 AI 모델 훈련

    ◦ 자신의 글을 AI에 학습시켜 개인화된 문체 생성 모델을 만듭니다.

    ◦ 이 과정은 기술적으로 복잡할 수 있으므로, 전문가의 도움을 받는 것이 좋습니다.

AI 활용 팁 "나만의 독특한 문체를 개발하고 싶어. 전통적인 문체에서 벗어난 새로운 표현 방식 5가지를 제안해 줘. 각 방식에 대한 간단한 예시도 포함해 줘"라고 요청해 보세요.

이러한 방법들을 통해 AI를 활용하여 자신만의 독특하고 강력한 문체를 개발할 수 있습니다. 중요한 것은 AI의 제안을 무조건 수용하는 것이 아니라, 이를 창의적 영감의 원천으로 삼아 자신만의 감성과 철학이 담긴 문체를 만들어가는 것입니다. AI는 우리의 창작 능력을 확장시켜주는 도구이지만, 최종적인 문체의 결정과 발전은 항상 작가 자신의 몫임을 잊지 마세요.

MBTI를 활용한 개인 문체 스타일 개발

MBTI(Myers-Briggs Type Indicator)를 문체 개발에 적용하면 자신의 성격과 일치하는 독특한 글쓰기 스타일을 만들 수 있습니다. 더불어 같은 MBTI 유형의 저명 작가들의 스타일을 참고하면 더욱 풍부한 문체 개발이 가능합니다.

1. MBTI 유형별 문체 특성 이해

- 각 MBTI 유형이 선호할 만한 문체 특성을 AI로 분석합니다.
- ⓒⓗ INFP 성격 유형에 적합한 문체 특성 5가지를 제안해 줘.

2. MBTI별 저명 작가 스타일 분석

- AI를 활용해 각 MBTI 유형의 유명 작가들의 문체를 분석합니다.
- ⓒⓗ INTJ 유형으로 알려진 제인 오스틴의 문체 특징을 분석해 줘.

3. 자신의 MBTI 유형에 맞는 문체 실험

- 자신의 MBTI 유형과 같은 유명 작가의 스타일을 참고해 문체를 개발합니다.
- ⓒⓗ 나는 ENTJ 유형이다. ENTJ로 알려진 조지 오웰의 문체 특성을 반영해 이 단락을 다시 써줘.

4. MBTI 유형 간 문체 비교

- 다양한 MBTI 유형 작가들의 문체를 비교해 자신만의 스타일을 찾습니다.
- ⓒⓗ INTJ 제인 오스틴과 ENFP 오스카 와일드의 문체 차이를 보여주는 예시를 만들어줘.

5. MBTI 기반 문체 융합

- 다른 MBTI 유형 작가들의 장점을 결합해 새로운 문체를 만듭니다.
- ⓒⓗ INFP 버지니아 울프의 심리 묘사와 ISTP 어니스트 헤밍웨이의 간결한 문체를 결합한 스타일로 이 장면을 다시 써줘.

"각 MBTI 유형별로 대표적인 작가 한 명씩을 선정하고, 그 작가의 대표작과 문체 특징을 간단히 설명해 줘. 그리고 각 작가의 문체를 모방한 짧은 문장 예시도 함께 제공해 줘"라고 요청해 보세요.

이 접근 방식은 작가의 성격과 글쓰기 스타일 사이의 연관성을 탐구하는 동시에, 문학사에 남은 위대한 작가들의 기법을 학습할 기회를 제공합니다. 자신의 MBTI 유형과 같은 성향의 유명 작가들의 스타일을 참고하면, 자신의 본질적인 성격을 반영하면서도 세련되고 발전된 문체를 개발할 수 있습니다.

물론 MBTI가 절대적인 기준은 아니며, 작가의 스타일은 MBTI 외에도 다양한 요소에 의해 형성된다는 점을 항상 염두에 두어야 합니다. 하지만 이는 자신의 글쓰기 스타일을 이해하고 발전시키는 데 유용한 출발점이 될 수 있습니다.

이렇게 MBTI와 유명 작가들의 스타일을 결합한 접근법은 작가들에게 자신의 성격 특성을 반영하면서도 문학적 전통을 계승할 수 있는 균형 잡힌 문체 개발 방법을 제시할 수 있습니다.

문체는 작가의 개성을 가장 잘 드러내는 요소입니다. AI는 이 과정에서 다양한 가능성을 탐험하고 자신의 한계를 넘어설 수 있게 도와주는 훌륭한 도구가 될 수 있습니다. 하지만 최종적으로 당신의 글은 당신만의 것이어야 합니다. AI의 도움을 받되, 항상 자신의 목소리를 찾는 데 집중하세요.

마지막으로, 어니스트 헤밍웨이의 조언을 되새겨봅시다.

"글쓰기에 대해 걱정하지 마라. 당신이 할 수 있는 한 가장 진실되게 써라."

AI의 도움으로 다양한 문체를 탐험하고 기술을 향상시키되, 궁극적으로는 가장 진실된 자신의 목소리를 찾는 것이 중요합니다. 그것이 바로 독자의 마음을 움직이는 진정한 힘이 될 것입니다.

편집과 교정의 기술

Message from Writing Guru

"유일한 종류의 글쓰기는 다시 쓰기입니다." - 어니스트 헤밍웨이

이 간결한 문장은 헤밍웨이의 글쓰기 철학을 잘 보여줍니다. 헤밍웨이는 초고를 여러 번 다듬는 과정을 통해 글을 완성해 나가는 것이 중요하다고 믿었습니다.

자기 편집의 기본 원칙

자기 편집은 작가가 자신의 글을 객관적으로 바라보고 개선하는 과정입니다. 다음은 효과적인 자기 편집의 기본 원칙입니다.

1. **거리두기**
   ○ 초고를 쓴 후, 최소 며칠에서 몇 주 동안 글을 멀리합니다.
   ○ 이를 통해 새로운 시각으로 자신의 글을 볼 수 있습니다.
2. **큰 그림부터 보기**
   ○ 전체적인 구조와 흐름을 먼저 점검합니다.
   ○ 각 장과 절이 전체 주제를 뒷받침하는지 확인합니다.
3. **불필요한 내용 삭제**

○ 아무리 마음에 드는 문장이라도 전체 맥락에 맞지 않으면 과
감히 삭제합니다.

○ 중복되는 내용이나 불필요한 설명을 제거합니다.

4. 문장 다듬기

○ 긴 문장은 짧게 나누고, 모호한 표현은 명확하게 수정합니다.

○ 수동태보다는 능동태를, 추상적인 표현보다는 구체적인 표현
을 사용합니다.

5. 읽어보기

○ 소리 내어 읽어보면서 문장의 리듬과 흐름을 체크합니다.

○ 눈으로 읽을 때 놓친 오류를 발견할 수 있습니다.

AI 활용 팁　"내가 쓴 글의 일부를 줄 테니, 자기 편집 관점에서 개선할 점을 제안해 줘. 특히 불필요한 내용, 모호한 표현, 문장 구조 등에 주목해 줘"라고 요청해 보세요. AI의 제안을 참고해 글을 객관적으로 평가하고 개선하세요. AI의 제안을 모두 수용하기보다는 자신의 의도와 스타일에 맞게 적용하는 것이 중요합니다.

AI를 활용한 문법과 맞춤법 점검

AI는 문법과 맞춤법 점검에 매우 효과적인 도구가 될 수 있습니다. 다음은 AI를 활용한 문법과 맞춤법 점검 방법입니다.

1. 전체 텍스트 검사

○ AI에게 전체 텍스트의 문법과 맞춤법을 검사해달라고 요청합니다.

○ 오류가 발견된 부분을 체크하고 수정 제안을 받습니다.

2. 문장 구조 분석

○ AI에게 복잡한 문장의 구조를 분석하고 개선 방안을 제시해달라고 요청합니다.

○ 주어-서술어 일치, 수식어의 적절한 위치 등을 체크합니다.

3. 동의어 제안

○ 반복되는 단어나 표현에 대해 AI에게 동의어나 대체 표현을 요청합니다.

○ 이를 통해 어휘의 다양성을 높일 수 있습니다.

4. 맥락에 맞는 어휘 사용 확인

○ AI에게 특정 단어나 표현이 문맥상 적절한지 확인해달라고 요청합니다.

○ 필요한 경우 더 적합한 단어나 표현을 제안받습니다.

5. 문체 일관성 체크

○ AI에게 전체 텍스트의 문체 일관성을 분석해달라고 요청합니다.

○ 갑작스러운 어조의 변화나 문체의 불일치를 체크합니다.

AI 활용 팁 "내가 쓴 글을 줄 테니, 문법과 맞춤법을 세밀하게 점검해 줘. 오류가 있다면 수정 제안과 함께 그 이유를 설명해 줘. 또한, 문장 구조나 어휘 선택에서 개선할 점이 있다면 제안해 줘"라고 요청해 보세요. AI의

점검 결과를 꼼꼼히 검토하고 필요한 수정을 가하세요. 단, AI도 실수할 수 있으므로 최종 판단은 작가 본인이 해야 합니다.

내용의 논리성과 일관성 확인

글의 내용이 논리적이고 일관성 있게 전개되는 것은 매우 중요합니다. AI를 활용하면 이러한 측면을 더욱 효과적으로 점검할 수 있습니다. 다음은 AI를 활용한 내용의 논리성과 일관성 확인 방법입니다.

1. **논리적 흐름 분석**
   - AI에게 각 단락과 섹션 간의 논리적 연결성을 분석해달라고 요청합니다.
   - 논리의 비약이나 갑작스러운 주제 전환이 없는지 체크합니다.
2. **주장과 근거의 일치성 확인**
   - AI에게 주요 주장과 그를 뒷받침하는 근거들을 추출해달라고 요청합니다.
   - 각 주장이 충분한 근거로 뒷받침되고 있는지 확인합니다.
3. **시간 순서와 인과관계 점검**
   - 사건이나 정보의 시간 순서가 올바른지 AI에게 확인을 요청합니다.
   - 인과관계가 명확하게 드러나는지 체크합니다.

4. 캐릭터와 설정의 일관성 확인

  ○ AI에게 캐릭터의 성격, 배경, 행동 등이 일관되게 묘사되고 있
    는지 분석해달라고 요청합니다.

  ○ 설정(시간, 장소, 규칙 등)이 전체 이야기에서 일관되게 유지되
    는지 확인합니다.

5. 모순점 찾기

  ○ AI에게 전체 내용에서 서로 모순되는 정보나 설명이 없는지 체
    크해달라고 요청합니다.

  ○ 발견된 모순점에 대해 해결 방안을 함께 고민합니다.

AI 활용 팁   "내가 쓴 글의 전체 내용을 분석해서 논리성과 일관성 측면
에서 개선할 점을 찾아줘. 특히 논리의 비약, 주장과 근거의 불일치, 설정이
나 캐릭터의 불일치 등에 주목해 줘. 문제점이 발견되면 구체적인 개선 방
안도 제안해 줘"라고 요청해 보세요. AI의 분석 결과를 바탕으로 내용의 논
리성과 일관성을 개선하세요. AI의 제안을 모두 수용하기보다는 자신의 창
작 의도와 균형을 맞추는 것이 중요합니다.

독자 피드백 수집과 반영

독자의 피드백은 글을 개선하는 데 매우 중요한 요소입니다. AI
를 활용하면 독자 피드백을 효과적으로 수집하고 분석할 수 있습니
다. 다음은 AI를 활용한 독자 피드백 수집과 반영 방법입니다.

1. 피드백 질문 설계

- AI에게 효과적인 피드백 질문 리스트를 만들어달라고 요청합니다.
  - 예 "이 장면에서 가장 인상 깊었던 부분은?", "어떤 부분이 이해하기 어려웠나요?"와 비슷한 질문을 여러 개 만들어줘.

2. 피드백 분석

- 수집된 피드백을 AI에게 분석해달라고 요청합니다.
- 공통으로 지적된 문제점, 호평받은 부분 등을 추출합니다.

3. 개선 방안 도출

- 분석된 피드백을 바탕으로 AI에게 구체적인 개선 방안을 제안해달라고 요청합니다.
- 다양한 옵션을 받아 최적의 해결책을 선택합니다.

4. 독자층 분석

- AI에게 피드백을 제공한 독자들의 특성을 분석해달라고 요청합니다.
- 연령대, 선호 장르 등을 파악하여 타깃 독자층에 맞는 개선 방향을 설정합니다.

5. 피드백 우선순위 설정

- AI에게 수집된 피드백의 중요도와 시급성을 평가해달라고 요청합니다.
- 이를 바탕으로 개선 작업의 우선순위를 정합니다.

"내가 받은 독자 피드백을 정리해서 줄 테니, 이를 분석해서 주요 개선 포인트를 추출해 줘. 그리고 각 포인트에 대한 구체적인 개선 방안을 제안해 줘. 또한, 이 피드백들이 어떤 독자층에서 주로 나왔는지도 분석해 줘"라고 요청해 보세요. AI의 분석과 제안을 참고하여 글을 개선하세요. 모든 피드백을 무조건 수용하기보다는 자신의 창작 의도와 균형을 맞추는 것이 중요합니다.

편집과 교정은 글쓰기 과정에서 가장 고통스럽지만 동시에 가장 보람 있는 단계입니다. AI는 이 과정에서 객관적인 시각과 다양한 제안을 제공해 큰 도움을 줄 수 있습니다. 하지만 최종적인 결정은 항상 작가 본인의 몫입니다. AI의 도움을 받되, 자신의 목소리와 비전을 잃지 않도록 주의하세요.

마지막으로, 레프 톨스토이의 조언을 되새겨봅시다.

"완벽함은 더 이상 더할 것이 없을 때가 아니라, 더 이상 뺄 것이 없을 때 달성된다."

AI의 도움으로 다양한 관점에서 글을 다듬고 개선하되, 궁극적으로는 당신이 전하고자 하는 본질만을 남기는 것이 중요합니다. 그것이 바로 독자의 마음을 움직이는 진정한 힘이 될 것입니다.

자료 조사와 정확성 확보하기

Message from Writing Guru

"누누이 강조한 것처럼, 글을 쓰려면 근육을 만들어야 한다. 우리는 디지털 시대를 살고 있다. 그러나 글쓰기 근육을 만들려면 아날로그 방식으로 훈련해야 한다." – 《유시민의 글쓰기 특강》 중에서

유시민 작가는 글쓰기를 '근육'에 비유하며 꾸준한 훈련의 중요성을 강조합니다. 디지털 시대에도 기본에 충실한 글쓰기 방식의 가치를 인정하며, 지속적이고 체계적인 훈련을 통해 글쓰기 능력을 향상시킬 수 있다고 강조합니다. 그러나 이러한 글쓰기 근육이 부족한 일반인의 경우, AI의 도움을 받아 초기 글쓰기 과정을 보완하고 점진적으로 자신의 능력을 향상시킬 수 있습니다.

효과적인 리서치 방법

효과적인 리서치는 작품의 질을 높이는 핵심 요소입니다. 다음은 효과적인 리서치 방법입니다.

1. **목표 설정**
   ○ 리서치의 목적과 범위를 명확히 정합니다.
   ○ 핵심 질문 리스트를 만들어 조사의 방향을 잡습니다.
2. **다양한 자료원 활용**
   ○ 책, 학술 논문, 신문 기사, 인터뷰, 온라인 자료 등 다양한 소스

를 활용합니다.

- ○ 1차 자료(원본 문서, 직접 인터뷰 등)와 2차 자료(해석, 분석 자료 등)를 균형 있게 사용합니다.

3. 체계적인 기록

- ○ 찾은 정보를 체계적으로 정리하고 출처를 꼼꼼히 기록합니다.
- ○ 노트 앱이나 스프레드시트(Spreadsheet) 프로그램을 활용해 효율적으로 관리합니다.

4. 비판적 사고

- ○ 찾은 정보를 무조건 수용하지 않고 비판적으로 평가합니다.
- ○ 여러 출처의 정보를 비교 검토합니다.

5. 현장 조사

- ○ 가능하다면 직접 현장을 방문하여 경험하고 관찰합니다.
- ○ 실제 경험은 글에 생동감을 더해줍니다.

AI 활용 팁 "내가 [주제]에 대해 조사하고 있어. 이 주제에 대한 효과적인 리서치 계획을 세워줘. 핵심 질문 리스트, 추천 자료원, 주의해야 할 점 등을 포함해 줘"라고 요청해 보세요. AI의 제안을 참고해 리서치 계획을 세우고 실행하세요. AI가 제공하는 정보는 제한적일 수 있으므로, 이를 출발점으로 삼아 더 깊이 있는 조사를 진행하는 것이 중요합니다.

AI를 활용한 자료 수집과 정리

AI는 방대한 양의 정보를 빠르게 수집하고 정리하는 데 큰 도

움을 줄 수 있습니다. 다음은 AI를 활용한 자료 수집과 정리 방법
입니다.

1. **키워드 확장**
   - ○ AI에게 주요 키워드와 관련된 추가 키워드나 개념을 요청합
     니다.
   - ○ 이를 통해 검색 범위를 확장하고 다각도로 자료를 수집합니다.

2. **요약 및 핵심 포인트 추출**
   - ○ 긴 문서나 논문의 요약을 AI에게 요청합니다.
   - ○ 핵심 아이디어와 중요 데이터를 추출하여 효율적으로 정보를
     파악합니다.

3. **분류 및 구조화**
   - ○ 수집한 자료를 AI에게 주제별로 분류하고 구조화해달라고 요
     청합니다.
   - ○ 정보 간의 연관성을 파악하고 체계적으로 정리합니다.

4. **시각화 자료 생성**
   - ○ 복잡한 데이터나 개념을 AI에게 시각화해달라고 요청합니다.
   - ○ 차트, 그래프, 마인드맵 등의 형태로 정보를 정리합니다.

5. **트렌드 분석**
   - ○ 특정 주제에 대한 최근 트렌드나 연구 동향을 AI에게 분석해
     달라고 요청합니다.
   - ○ 시간에 따른 변화나 주요 쟁점을 파악합니다.

"내가 수집한 [주제]에 대한 자료 목록을 줄 테니, 이를 주제별로 분류하고 각 자료의 핵심을 요약해 줘. 또한, 이 자료들 사이의 연관성이나 상충되는 점이 있다면 지적해 줘"라고 요청해 보세요. AI의 정리와 분석을 바탕으로 자료를 체계적으로 관리하고 활용하세요. AI의 분석이 완벽하지 않을 수 있으므로, 최종적인 판단과 해석은 작가 본인이 해야 합니다.

사실 확인과 출처 검증

정확성은 작품의 신뢰도를 좌우하는 핵심 요소입니다. AI를 활용하면 철저한 사실 확인과 출처 검증이 가능합니다. 다음은 AI를 활용한 사실 확인과 출처 검증 방법입니다.

1. 교차 검증
  ○ AI에게 특정 정보에 대해 여러 출처를 검색하고 비교해달라고 요청합니다.
  ○ 일치하지 않는 정보가 있다면 그 이유를 분석합니다.

2. 출처의 신뢰성 평가
  ○ AI에게 특정 출처의 신뢰성을 평가해달라고 요청합니다.
  ○ 해당 출처의 평판, 전문성, 객관성 등을 고려합니다.

3. 시간적 정확성 확인
  ○ 역사적 사실이나 날짜 관련 정보의 정확성을 AI에게 확인 요청합니다.
  ○ 시대적 배경이 올바른지 점검합니다.

4. 통계 데이터 검증

- ○ 인용한 통계 데이터의 출처와 방법론을 AI에게 조사해달라고 요청합니다.
- ○ 데이터의 신뢰성과 적절성을 평가합니다.

5. 인용 정확성 확인

- ○ 직접 인용문의 정확성을 AI에게 확인해달라고 요청합니다.
- ○ 원문 맥락과 일치하는지 검증합니다.

AI 활용 팁   "내가 [주제]에 대해 수집한 정보 리스트를 줄 테니, 각 정보의 정확성을 확인하고 신뢰할 만한 출처를 찾아줘. 만약 의심스러운 정보가 있다면 지적해 주고, 대안이 될 만한 신뢰성 있는 정보를 제안해 줘"라고 요청해 보세요. AI의 검증 결과를 바탕으로 정보의 정확성을 높이세요. AI도 완벽하지 않으므로, 중요한 사실은 반드시 직접 추가 확인을 하는 것이 좋습니다.

전문가 자문 구하기

전문가의 의견은 작품에 깊이와 신뢰성을 더해줍니다. AI를 활용하면 전문가 자문을 효과적으로 구하고 활용할 수 있습니다. 다음은 AI를 활용한 전문가 자문 구하기 방법입니다.

1. 적합한 전문가 찾기

- ○ AI에게 특정 분야의 권위 있는 전문가 목록을 요청합니다.

- 각 전문가의 전문 분야, 주요 업적, 연락처 등을 조사합니다.

2. **인터뷰 질문 준비**

- AI에게 효과적인 인터뷰 질문 리스트를 만들어달라고 요청합니다.
- 개방형 질문과 구체적인 질문을 균형 있게 준비합니다.

3. **전문 용어 이해**

- 인터뷰 전 해당 분야의 주요 전문 용어를 AI에게 설명해달라고 요청합니다.
- 이를 통해 전문가와의 소통을 원활히 합니다.

4. **자문 내용 분석**

- 전문가의 자문 내용을 AI에게 분석해달라고 요청합니다.
- 핵심을 추출하고, 추가 질문이 필요한 부분을 파악합니다.

5. **다양한 관점 확보**

- AI에게 해당 주제에 대한 다양한 학설이나 관점을 조사해달라고 요청합니다.
- 여러 전문가의 의견을 비교 분석합니다.

AI 활용 팁 "내가 [주제]에 대해 전문가 자문하려고 해. 이 분야의 전문가를 찾는 방법, 효과적인 인터뷰 질문 리스트, 주의해야 할 점 등을 제안해 줘. 또한, 이 분야의 주요 쟁점이나 최근 트렌드도 정리해 줘"라고 요청해 보세요. AI의 제안을 바탕으로 전문가 자문을 준비하고 실행하세요. AI가 제공하는 정보는 제한적일 수 있으므로, 실제 전문가와의 소통을 통해 더 깊이 있는 통찰을 얻는 것이 중요합니다.

자료 조사와 정확성 확보는 작품의 품격을 결정짓는 중요한 과정입니다. AI는 이 과정에서 강력한 도구가 될 수 있지만, 최종적인 판단과 해석은 항상 작가의 몫임을 잊지 마세요. AI의 도움을 받되, 비판적 사고와 창의적 해석을 통해 자료를 작품에 녹여내는 것이 중요합니다.

마지막으로, 데이비드 맥컬로우의 조언을 되새겨봅시다.

"리서치는 끝없는 모험이다. 당신이 찾은 것보다 찾지 못한 것이 더 많다는 것을 항상 기억하라."

AI의 도움으로 더욱 효율적이고 광범위한 자료 조사가 가능해졌지만, 여전히 우리가 모르는 것은 무궁무진합니다. 끊임없는 호기심과 탐구 정신으로 자료를 찾고, 그것을 창의적으로 해석하여 독자들에게 새로운 시각과 깊이 있는 통찰을 제공하는 것, 그것이 바로 훌륭한 작가의 역할입니다.

창의적 발상법과 아이디어 확장

"창의성은 단지 사물을 연결하는 것입니다. 창의적인 사람들에게 어떻게 그것을 했는지 물어보면, 그들은 약간 죄책감을 느낍니다. 왜냐하면 그들이 실제로 그것을 한 것이 아니라, 단지 무언가를 보았기 때문입니다. 시간이 지나면 그것이 그들에게 명백해 보였던 것입니다." - 스티브 잡스

이 인용문은 창의성의 본질에 대한 잡스의 통찰을 보여줍니다. 그는 창의성이 완전히 새로운 것을 만들어내는 것이 아니라, 기존의 아이디어나 개념을 새롭게 연결하고 재해석하는 능력임을 강조합니다.

창의성 향상을 위한 기법들

창의성은 연습으로 키울 수 있습니다. 다음은 창의성을 키우는 효과적인 기법들입니다.

1. **자유 연상법**
   - 주제와 관련된 단어나 이미지를 자유롭게 나열합니다.
   - 이들 사이의 예상치 못한 연결고리를 찾습니다.
2. **역발상**
   - 기존의 관념을 뒤집어 생각해 봅니다.
   - "만약 반대라면 어떨까?"라는 질문을 던져봅니다.

3. 강제 연결법

○ 무관해 보이는 두 개념을 강제로 연결해 봅니다.

예 '우산'과 '우주여행'을 연결해 새로운 아이디어 만들기

4. 육하원칙 변형

○ 기존 이야기의 육하원칙 중 하나를 변경해 봅니다.

예 《로미오와 줄리엣》이 현대 서울에서 벌어진다면?

5. SCAMPER 기법

○ Substitute(대체), Combine(결합), Adapt(응용), Modify(수정), Put to another use(용도 변경), Eliminate(제거), Reverse(뒤집기) 이 7가지 관점에서 아이디어를 변형해 봅니다.

AI 활용 팁　"내가 [주제/장르]에 대한 아이디어를 찾고 있어. 이 주제에 대해 자유 연상법을 사용해서 20개의 관련 단어나 개념을 제시해 줘. 그리고 이 중 무작위로 3개를 선택해서 이들을 연결하는 독특한 아이디어를 3가지 제안해 줘"라고 요청해 보세요. AI의 제안을 출발점으로 삼아 자신만의 창의적 아이디어를 발전시켜 나가세요. AI가 제시한 연결고리에서 영감을 얻되, 그것을 자신만의 경험과 통찰로 재해석하는 것이 중요합니다.

AI와 함께하는 '만약에' 시나리오 개발

'만약에' 시나리오는 창의적 사고를 자극하는 강력한 도구입니다. AI와 함께 이 과정을 더욱 풍성하게 만들어보세요.

1. 극단적 상황 설정

   ○ AI에게 극단적인 '만약에' 상황을 요청합니다.

   예 만약 중력이 갑자기 10배로 강해진다면?

2. 역사적 변곡점 탐구

   ○ 역사적 사건의 결과가 달라졌다면 어떻게 될지 AI에게 물어봅니다.

   예 만약 세종대왕이 한글을 만들지 않았다면 한국 문화는 어떻게 달라졌을까?

3. 기술 발전의 영향 예측

   ○ 미래 기술이 실현된다면 어떤 일이 벌어질지 AI와 함께 상상해 봅니다.

   예 만약 순간이동이 가능해진다면 사회는 어떻게 변할까?

4. 캐릭터 역할 바꾸기

   ○ 유명한 이야기의 주인공과 악역의 역할을 바꾸는 시나리오를 AI에게 요청합니다.

   예 《백설 공주》에서 백설 공주가 악역이고 왕비가 주인공이라면?

5. 장르 뒤집기

   ○ 특정 이야기의 장르를 완전히 다른 것으로 바꾸는 아이디어를 AI에게 요청합니다.

   예 《로미오와 줄리엣》을 SF 스릴러로 재해석한다면?

AI 활용 팁 "내가 [기본 설정/이야기]를 줄 테니, 이에 대한 5가지 흥미로운 '만약에' 시나리오를 만들어줘. 각 시나리오에 대해 간단한 플롯 개

요도 제시해 줘"라고 요청해 보세요. AI가 제안한 시나리오를 바탕으로 더 깊이 있는 '만약에' 상황을 탐구해 보세요. 각 시나리오가 가져올 수 있는 다양한 결과와 영향을 상상하며, 가장 흥미로운 가능성을 선택해 발전시키세요.

장르 간 크로스오버 아이디어 생성

장르 간 크로스오버는 신선하고 독특한 아이디어를 만들어내는 효과적인 방법입니다. AI와 함께 다양한 장르를 결합해 보세요.

1. **예상치 못한 장르 조합**
   - AI에게 무작위로 두 개의 장르를 선택하고 결합하도록 요청합니다.
   - 예 로맨스 + 좀비 아포칼립스, 하드보일드 탐정 + 요리 경연 대회
2. **고전 작품의 현대적 재해석**
   - 유명한 고전 작품을 현대의 다른 장르로 재해석하는 아이디어를 AI에게 요청합니다.
   - 예 《오디세이》를 사이버펑크 소설로 재해석하기
3. **장르별 클리셰 뒤집기**
   - 특정 장르의 전형적인 설정을 완전히 다른 장르의 요소로 대체하는 아이디어를 AI에게 요청합니다.
   - 예 판타지 세계의 마법사가 과학자로, 드래곤이 AI로 대체된 이야기
4. **현실 세계와 판타지의 결합**

○ 현실 세계의 특정 직업이나 상황에 판타지 요소를 결합하는
　　　아이디어를 AI에게 요청합니다.

　　예 현대 회사에서 일하는 직장인들이 실제로는 비밀리에 마법을 사
　　용한다면?

5. 장르별 세계관 충돌

　　○ 서로 다른 장르의 세계관이 충돌하는 상황을 AI에게 요청합
　　　니다.

　　예 SF 우주 함선이 중세 판타지 세계에 불시착한다면?

AI 활용 팁　　"서로 다른 두 장르를 무작위로 선택해서 결합한 독특한 크
로스오버 아이디어를 5개 제안해 줘. 각 아이디어에 대해 간단한 줄거리와
주요 캐릭터 설명도 포함해 줘"라고 요청해 보세요. AI의 제안을 바탕으로
가장 흥미로운 크로스오버 아이디어를 선택하고, 이를 더욱 발전시켜 보세
요. 각 장르의 특징적인 요소들이 어떻게 새롭고 독특한 방식으로 상호작
용을 할 수 있을지 탐구하세요.

AI를 이용한 플롯 트위스트 만들기

　　예상치 못한 플롯 트위스트는 독자들을 놀라게 하고 이야기에
새로운 활력을 불어넣습니다. AI와 함께 효과적인 플롯 트위스트를
만들어보세요.

1. 캐릭터 비밀 만들기

○ AI에게 주요 캐릭터의 숨겨진 비밀이나 진실을 만들어달라고
요청합니다.

🔲 주인공의 가장 친한 친구가 실은 적의 스파이였다면?

2. 예상 결과 뒤집기

○ 이야기의 예상 결말을 AI에게 제시하고, 이를 완전히 뒤집는
트위스트를 요청합니다.

🔲 모두가 범인이라고 생각한 인물이 실제로는 피해자였다면?

3. 시간 왜곡 활용

○ 시간 여행이나 평행 우주 개념을 도입한 트위스트 아이디어를
AI에게 요청합니다.

🔲 주인공이 겪은 모든 일이 실은 미래에서 온 자신의 계획이었다면?

4. 관점 전환

○ 이야기를 완전히 다른 관점에서 재해석하는 트위스트를 AI에
게 요청합니다.

🔲 모든 이야기가 실은 반려동물의 시점에서 본 것이었다면?

5. 장르 파괴

○ 이야기의 장르를 갑자기 전환시키는 트위스트 아이디어를 AI
에게 요청합니다.

🔲 로맨틱 코미디였던 이야기가 갑자기 외계인 침공 SF로 바뀐다면?

AI 활용 팁　"내 이야기의 줄거리를 간단히 설명해 줄게. 이 이야기에 적
용할 수 있는 예상치 못한 플롯 트위스트 5가지를 제안해 줘. 각 트위스트
가 이야기의 전개와 결말에 어떤 영향을 미칠지도 설명해 줘"라고 요청해

보세요. AI가 제안한 트위스트 중 가장 흥미롭고 이야기의 본질을 해치지 않는 것을 선택하세요. 선택한 트위스트를 이야기에 자연스럽게 통합시키기 위해 어떤 복선과 준비가 필요할지 고민해 보세요.

창의적 발상과 아이디어 확장은 작가에게 가장 즐거우면서도 도전적인 과정입니다. AI는 이 과정에서 무한한 가능성과 새로운 관점을 제시해 주는 강력한 파트너가 될 수 있습니다. 하지만 최종적인 선택과 발전은 작가인 당신의 몫입니다. AI의 제안을 출발점으로 삼되, 그것을 자신만의 경험, 감성, 통찰과 결합하여 진정으로 독특하고 감동적인 이야기로 발전시켜 나가세요.

마지막으로, 아인슈타인의 말을 되새겨봅시다.

"상상력은 지식보다 중요하다. 지식은 한계가 있지만, 상상력은 세상을 아우른다."

AI는 방대한 지식을 제공할 수 있지만, 그것을 어떻게 상상력으로 발전시키고 새로운 세계를 창조할지는 오직 당신에게 달려있습니다. AI와의 협업을 통해 더욱 풍부하고 창의적인 아이디어의 세계로 나아가되, 항상 자신만의 독특한 시각과 감성을 잃지 않도록 주의하세요. 그것이 바로 독자들의 마음을 움직이는 진정한 창의성의 원천이 될 것입니다.

AI를 활용한
책 쓰기 실전

AI로 책 쓰는 법

AI 활용 책 쓰기 프로세스 개요

AI 책 쓰기의 전체 흐름 이해하기

AI 책 쓰기 프로세스는 전통 방식과 비슷하지만 몇 가지 중요한 차이점이 있습니다. 다음은 AI 책 쓰기의 전체 흐름입니다.

1. 아이디어 구상 및 기획
   - 주제 선정 및 개요 작성
   - AI를 활용한 브레인스토밍 및 아이디어 확장
2. 자료 수집 및 연구
   - AI를 이용한 광범위한 정보 수집
   - 데이터 분석 및 트렌드 파악
3. 구조 및 플롯 설계

○ AI 지원을 받아 전체 구조 설계

○ 챕터별 세부 계획 수립

4. 초고 작성

○ AI와의 협업을 통한 초고 작성

○ 인간 작가의 창의성과 AI의 효율성 결합

5. 수정 및 편집

○ AI를 활용한 문법, 스타일 점검

○ 인간 작가의 최종 판단으로 내용 조율

6. 피드백 수집 및 반영

○ AI를 활용한 독자 반응 분석

○ 피드백을 바탕으로 한 수정 작업

7. 최종 마무리 및 출판 준비

○ 최종 교정 및 포매팅

○ 출판 관련 세부 사항 준비

각 단계에서 AI는 다양한 방식으로 작가를 지원할 수 있지만, 최종 결정과 창의적 방향 설정은 항상 인간 작가의 몫임을 기억해야 합니다.

AI 도구 선택과 효과적인 활용법

AI 책 쓰기에 활용할 수 있는 다양한 도구들이 있습니다. 주요 AI

도구와 그 활용법은 다음과 같습니다.

1. 아이디어 발상-ChatGPT

- 용도: 아이디어 발상, 플롯 구상, 초고 작성 지원
- 활용 팁: 구체적이고 명확한 프롬프트를 사용하여 원하는 결과를 얻을 수 있다.

2. 글의 설계-Claude

- 용도: 심도 있는 분석, 복잡한 개념 설명, 논리적 구조 설계
- 활용 팁: 긴 문맥을 제공하고 단계적인 설명을 요청하면 좋은 결과를 얻을 수 있다.

3. AI 문법 및 스타일 체크 – ChatGPT, Claude 등

- 용도: 문법 오류 수정, 문체 일관성 유지
- 활용 팁: AI의 제안을 무조건 수용하지 말고, 작가의 의도와 맥락을 고려하여 판단한다.

4. AI 리서치 도구 – ChatGPT/서치GPT, 퍼플렉시티 등

- 용도: 빠른 정보 수집, 데이터 분석
- 활용 팁: 수집된 정보의 정확성을 항상 교차 검증한다.

5. AI 이미지 생성 도구 – ChatGPT/DALL-E/Midjourney 등

- 용도: 책 표지 디자인, 삽화 제작
- 활용 팁: 저작권 문제에 주의하고, 생성된 이미지를 참고용으로만 사용한다.

AI 도구를 선택할 때는 자신의 작업 스타일과 프로젝트의 특성

을 고려해야 합니다. 각 도구의 강점과 한계를 이해하고 적절히 조합하여 사용하는 것이 중요합니다.

인간 창의성과 AI 능력의 시너지

AI와 인간 작가의 능력을 효과적으로 결합하면 놀라운 시너지 효과를 낼 수 있습니다. 다음은 이를 위한 방법들입니다.

1. **아이디어 확장**
   - 인간: 독창적인 초기 아이디어 제시
   - AI: 관련 개념 확장, 다양한 각도에서의 접근 제안
   - 시너지: 예상치 못한 연결고리 발견, 아이디어의 깊이와 폭 확장

2. **캐릭터 개발**
   - 인간: 캐릭터의 핵심 특성과 동기 설정
   - AI: 다양한 배경 스토리 제안, 성격 특성 분석
   - 시너지: 더욱 입체적이고 현실감 있는 캐릭터 창조

3. **플롯 구성**
   - 인간: 핵심 플롯 포인트 설정
   - AI: 다양한 서브플롯 제안, 인과관계 분석
   - 시너지: 복잡하면서도 일관성 있는 스토리라인 개발

4. **문체 개발**

- ○ 인간: 고유한 작가의 목소리 유지
- ○ AI: 다양한 문체 실험, 일관성 체크
- ○ 시너지: 독특하면서도 세련된 문체 확립

5. **리서치**

- ○ 인간: 연구 방향 설정, 핵심 질문 제시
- ○ AI: 광범위한 데이터 수집, 빠른 정보 요약
- ○ 시너지: 깊이 있고 다각적인 배경지식 확보

6. **편집 및 수정**

- ○ 인간: 전체적인 방향성 판단, 감성적 요소 조율
- ○ AI: 문법, 일관성, 논리성 체크
- ○ 시너지: 완성도 높고 세밀하게 다듬어진 최종 원고

인간과 AI의 협업에서 가장 중요한 것은 각자의 강점을 인식하고 이를 최대한 활용하는 것입니다. AI의 제안을 무조건 수용하기보다는, 이를 창의적 영감의 원천으로 삼아 자신만의 독특한 작품을 만들어가는 것이 핵심입니다.

AI 책 쓰기의 윤리적 고려 사항

AI를 활용한 책 쓰기에는 몇 가지 중요한 윤리적 고려 사항이 있습니다. 이를 인식하고 적절히 대응하는 것이 중요합니다.

1.저작권 및 표절 문제

　○ AI가 생성한 내용의 원천을 항상 확인하고, 필요시 인용 처리한다.

　○ AI의 출력을 그대로 사용하지 말고, 반드시 자신의 언어로 재해석하여 표현한다.

2.진실성과 투명성

　○ 책에 AI의 도움을 받았다는 사실을 독자에게 명확히 밝힌다.

　○ AI의 기여도와 인간 작가의 창작 부분을 구분하여 설명한다.

3.데이터 윤리

　○ AI 학습에 사용된 데이터의 출처와 편향성에 주의를 기울인다.

　○ 민감한 개인정보나 저작권이 있는 자료를 AI에 입력하지 않도록 주의한다.

4.AI 의존도 관리

　○ AI에 과도하게 의존하지 않고, 인간 작가의 창의성과 판단을 중심에 둔다.

　○ AI를 도구로 활용하되, 최종 결정은 항상 작가가 내린다.

5.다양성과 포용성

　○ AI가 가질 수 있는 편견이나 고정관념에 주의하고, 이를 교정한다.

　○ 다양한 관점과 경험을 반영하기 위해 노력한다.

6.책임감 있는 내용 생산

　○ AI를 사용하여 허위 정보나 유해한 내용을 생성하지 않도록

주의한다.

○ 생성된 내용의 사회적 영향을 고려하고 책임감 있게 다룬다.

7.AI 한계 인식

○ AI의 능력과 한계를 명확히 인식하고, 과대 해석하지 않는다.

○ AI가 제공하는 정보나 아이디어를 항상 비판적으로 검토한다.

AI 책 쓰기의 윤리적 측면은 계속 진화하고 있습니다. 작가는 이러한 윤리적 고려 사항을 항상 염두에 두고, 책임감 있는 태도로 AI를 활용해야 합니다. 궁극적으로 AI는 도구일 뿐이며, 그것을 어떻게 사용할지는 작가의 양심과 판단에 달려 있습니다.

AI 활용 책 쓰기는 새로운 가능성의 세계를 열어주지만, 동시에 새로운 책임도 요구합니다. 기술의 힘을 존중하되 인간의 창의성과 윤리의식을 중심에 두는 균형 잡힌 접근이 필요합니다. 이를 통해 우리는 AI 시대에 걸맞은 새로운 형태의 문학을 창조해 나갈 수 있을 것입니다.

AI로 소설 한 권 완성하기

"소설을 시작하는 것은 항상 어렵습니다. 어디로도 가지 않는 것 같은 느낌이 듭니다. 저는 항상 최소 100페이지를 쓰고 그것을 쓰레기통에 버린 후에야 비로소 글이 제대로 작동하기 시작합니다." - 바바라 킹솔버

이 인용문은 AI를 활용한 소설 쓰기에도 적용될 수 있는 중요한 통찰을 제공합니다. 킹솔버는 글쓰기의 초기 단계가 얼마나 어렵고 좌절감을 줄 수 있는지를 강조합니다.

장르 선택과 타깃 독자 설정

소설 쓰기의 첫 단계는 장르 선택과 타깃 독자 설정입니다. 이는 전체 작품의 방향성을 결정짓는 중요한 과정입니다.

1. **장르 탐색**
   - 자신의 관심사와 강점을 고려하여 장르를 선택합니다.
   - AI를 활용해 다양한 장르의 특징과 트렌드를 분석합니다.
2. **타깃 독자 분석**
   - 선택한 장르의 주요 독자층을 파악합니다.
   - AI를 활용해 독자들의 선호도와 기대 사항을 분석합니다.
3. **장르와 독자의 매칭**

○ 선택한 장르가 타깃 독자의 기대에 부합하는지 확인합니다.

○ AI를 활용해 장르와 독자 사이의 갭을 분석하고 보완점을 찾습니다.

AI 활용 팁   다음과 같이 요청해 보세요. "나는 현대 사회의 권력 구조와 가족 관계에 관심이 있어. 이를 바탕으로 적합한 소설 장르 5가지를 추천해 주고, 각 장르의 특징과 주요 독자층을 설명해 줘."

AI를 활용한 스토리 아웃라인 작성

스토리 아웃라인은 소설의 뼈대를 형성합니다. AI를 활용하면 더욱 체계적이고 창의적인 아웃라인을 만들 수 있습니다.

1. 핵심 아이디어 발전

○ 소설의 중심 아이디어나 주제를 AI와 함께 브레인스토밍합니다.

○ AI에게 다양한 각도에서 아이디어를 확장해 달라고 요청합니다.

2. 플롯 구조 설계

○ 전통적인 3막 구조나 영웅의 여정 등 다양한 구조를 AI에게 제안받습니다.

○ 선택한 구조에 맞춰 주요 사건들을 배치합니다.

3. 캐릭터 개요 작성

○ 주요 캐릭터들의 기본 설정을 AI와 함께 만듭니다.

○ 각 캐릭터의 목표, 갈등, 성장 과정을 구상합니다.

4. **세계관 구축**

○ 소설의 배경이 되는 세계를 AI의 도움을 받아 상세히 구축합니다.

○ 역사, 문화, 사회 구조 등을 설정합니다.

5. **챕터별 개요 작성**

○ 각 챕터의 주요 사건과 목적을 AI와 함께 구상합니다.

○ 전체적인 흐름과 각 챕터의 연결성을 확인합니다.

AI 활용 팁 다음과 같이 요청해 보세요. "나는 '현대 사회에서 권력의 세대교체와 그 과정에서 발생하는 가족 갈등'이라는 주제로 현대 문학 소설을 쓰려고 해. 이 아이디어를 바탕으로 3막 구조의 스토리 아웃라인을 만들어줘. 각 막의 주요 사건과 전환점을 포함해 줘."

챕터별 초고 작성 전략

아웃라인을 바탕으로 각 챕터의 초고를 작성하는 과정에서 AI는 강력한 조력자가 될 수 있습니다.

1. **챕터 시작하기**

○ 각 챕터의 목적과 주요 사건을 AI에게 설명하고, 효과적인 시작 문장을 제안받습니다.

○ AI가 제안한 내용을 바탕으로 자신만의 문체로 다듬습니다.

2. 대화 생성

   ○ 캐릭터 간 대화의 주요 내용을 AI에게 설명하고, 다양한 대화
   버전을 생성 받습니다.

   ○ 생성된 대화를 캐릭터의 성격과 상황에 맞게 조정합니다.

3. 장면 묘사

   ○ 주요 장면의 설정을 AI에게 설명하고, 상세한 묘사를 요청합
   니다.

   ○ AI의 묘사를 참고하여 자신만의 감성과 스타일로 재해석합니다.

4. 전환과 연결

   ○ 장면 간, 챕터 간 전환에 대해 AI의 제안을 받습니다.

   ○ 자연스러운 흐름을 위해 AI의 제안을 조정하고 발전시킵니다.

5. 첫 초고 완성

   ○ 각 챕터의 초고를 AI에게 검토받고, 개선점을 제안받습니다.

   ○ AI의 피드백을 바탕으로 초고를 다듬습니다.

AI 활용 팁   다음과 같이 요청해 보세요. "1막의 첫 번째 챕터는 회장이
은퇴를 선언하고 회사를 분할하겠다고 발표하는 장면이야. 이 챕터의 시작
부분을 3가지 다른 방식으로 써줘. 각각 다른 문체와 접근법을 사용해 줘."

AI와 함께하는 캐릭터 아크 발전

캐릭터의 성장과 변화는 소설에 깊이를 더해줍니다. 이야기 속

에서 캐릭터가 겪는 변화나 성장을 나타내는 개념이 캐릭터 아크
(character arc)입니다. AI를 활용하여 더욱 복잡하고 매력적인 캐릭터
아크를 만들어보세요.

1. **초기 설정 확장**
   - 캐릭터의 기본 설정을 AI에게 제공하고, 숨겨진 동기나 트라우
     마 등을 제안받습니다.
   - AI의 제안을 바탕으로 캐릭터의 과거와 내면을 더욱 풍부하게
     만듭니다.

2. **성장 포인트 설정**
   - 스토리의 주요 사건들을 AI에게 설명하고, 각 사건이 캐릭터에
     게 미칠 영향을 분석 받습니다.
   - 이를 바탕으로 캐릭터의 변화와 성장 포인트를 설정합니다.

3. **내적 갈등 발전**
   - 캐릭터의 목표와 가치관을 AI에게 설명하고, 이에 도전할 수
     있는 상황들을 제안받습니다.
   - 제안 받은 상황들을 발전시켜 캐릭터의 내적 갈등을 깊이 있
     게 표현합니다.

4. **관계 역학 구축**
   - 주요 캐릭터들 간의 관계를 AI에게 설명하고, 이 관계가 발전하
     거나 변화할 수 있는 방향을 제안받습니다.
   - AI의 제안을 바탕으로 복잡하고 역동적인 캐릭터 관계를 구축
     합니다.

5. 일관성 체크

- 완성된 캐릭터 아크를 AI에게 검토받아 일관성을 확인합니다.
- 불일치하는 부분이 있다면 AI의 조언을 받아 수정합니다.

AI 활용 팁　다음과 같이 요청해 보세요. "우리 소설의 주인공인 최호준 회장은 70세의 대기업 총수야. 워커홀릭이고 냉철한 성격이지만, 내면에는 가족에 대한 애정이 있어. 이 캐릭터가 겪을 수 있는 내적 갈등 3가지를 제안해 주고, 각 갈등이 어떻게 해결되며 캐릭터를 어떻게 성장시킬 수 있을지 설명해 줘."

소설의 긴장감과 페이스 조절하기

소설의 긴장감과 페이스는 독자들의 관심을 유지하는 데 중요한 역할을 합니다. AI를 활용하여 이를 효과적으로 조절해 보세요.

1. 긴장감 곡선 설계

- 전체 스토리의 흐름을 AI에게 설명하고, 긴장감 곡선을 그려달라고 요청합니다.
- AI의 제안을 바탕으로 클라이맥스와 완화 지점을 조정합니다.

2. 페이스 조절 전략

- 각 챕터의 목적을 AI에게 설명하고, 페이스 조절을 위한 기법들을 제안받습니다.
- 빠른 전개가 필요한 부분과 느린 전개가 필요한 부분을 구분

하여 적용합니다.

3.**긴장감 요소 추가**

   ○ 주요 플롯 포인트를 AI에게 설명하고, 긴장감을 높일 수 있는
   요소들을 제안받습니다.

   ○ AI의 제안을 바탕으로 복선과 미스터리 요소를 추가합니다.

4.**감정적 기복 만들기**

   ○ 캐릭터의 감정 변화를 AI와 함께 설계합니다.

   ○ 감정의 고조와 완화를 통해 독자의 몰입도를 조절합니다.

5.**리듬감 있는 문장 구조**

   ○ 긴장감 높은 장면과 평온한 장면의 문장 구조를 AI에게 제안
   받습니다.

   ○ 짧고 간결한 문장으로 긴박감을, 길고 서정적인 문장으로 여유
   를 표현합니다.

AI 활용 팁   다음과 같이 요청해 보세요. "우리 소설의 클라이맥스 장면
은 회장이 완전히 권력을 상실하고 집에서 쫓겨나는 장면이야. 이 장면의
페이스를 조절하고 긴장감을 높이기 위한 5가지 전략을 제안해 줘."

사례 연구: AI로 '현대판 리어왕' 쓰기

이제 실제로 AI를 활용해 '현대판 리어왕'을 써보는 과정을 살펴
보겠습니다. 셰익스피어가 AI와 대화하며 작품을 구상하는 상황을

가정해 봅니다.

셰익스피어: 리어왕 이야기를 현대 설정으로 바꾸고 싶어. 어떤 현대적 배경이 적합할까?

AI: 현대 버전의 리어왕을 위한 몇 가지 설정 아이디어를 제안 드립니다.

1. 글로벌 기업 CEO: 리어를 거대 기업의 CEO로 설정하고, 그의 왕국을 회사로 바꿉니다. 딸들은 경영권을 차지하려는 경쟁자가 됩니다.

2. 미디어 제국의 소유주: 리어를 언론 재벌로 설정하고, 그의 제국을 여러 미디어 수단으로 나눕니다.

3. 정치인: 리어를 은퇴를 앞둔 대통령이나 총리로 설정하고, 그의 유산을 정치적 영향력으로 바꿉니다.

4. 테크 기업 창업자: 실리콘 밸리 스타일의 혁신적인 테크 기업 창업자로 리어를 설정합니다.

5. 부동산 재벌: 리어를 거대한 부동산 제국을 소유한 재벌로 설정합니다.

셰익스피어: 글로벌 기업 CEO 설정이 좋아 보이네. 이 설정에서 리어의 세 딸들의 현대적 특성은 어떻게 될까?

AI: 글로벌 기업 CEO 설정에서 리어의 세 딸들의 현대적 특성을 다음과 같이 제안합니다.

1. 장녀: 고네릴
   - 하버드 MBA 출신의 냉철한 전략가
   - 효율성과 수익성을 최우선으로 여기는 무자비한 경영 스타일
   - 회사의 CFO(Chief Financial Officer)로서 재무 관리에 탁월한 능력을 보임

2. 차녀: 리건
   - 카리스마 넘치는 마케팅 전문가
   - 대중적 인기와 회사의 이미지 관리에 능함
   - 회사의 CMO(chief marketing officer)로서 브랜드 가치 상승에 기여

3. 막내: 코델리아
   - 사회적 기업가 정신을 가진 이상주의자
   - 회사의 사회적 책임과 윤리경영을 중시
   - 회사의 CSR(기업의 사회적 책임) 부서를 이끌며 지속 가능한 비즈니스 모델 추구

이러한 특성들은 현대 기업 경영의 다양한 측면을 반영하면서, 원작의 캐릭터 특성도 유지할 수 있습니다.

셰익스피어: 흥미로운 설정이군. 그렇다면 현대 버전에서 광기에 빠지는 리어의 모습은 어떻게 그릴 수 있을까?

AI: 현대 버전에서 리어(CEO)의 광기는 다음과 같이 표현할 수

있습니다.

1. 편집증적 행동
   - □ 모든 직원이 자신을 배신할 것이라는 망상에 사로잡힘
   - □ 회사 내 도청 장치를 설치하고 직원들의 이메일을 무단으로 검열

2. 비이성적 의사결정
   - □ 회사에 막대한 손실을 끼치는 무모한 인수합병 시도
   - □ 검증되지 않은 기술에 회사의 모든 자원을 투자

3. 현실과의 괴리
   - □ 주가 폭락과 이사회의 반발에도 불구하고 자신의 경영 능력을 과대평가
   - □ 실제로는 권력을 상실했음에도 여전히 자신이 모든 것을 통제하고 있다고 믿음

4. 정체성 혼란
   - □ CEO라는 직책에 자신의 정체성을 지나치게 연관시켜, 그 지위를 잃자 극심한 혼란을 겪음
   - □ 노숙자들 사이에서 살면서도 자신을 여전히 'CEO'라고 소개

5. 감정 조절 실패
   - □ 사소한 일에도 극단적으로 분노하거나 울음을 터뜨리는 등 감정 기복이 심해짐
   - □ 공개석상에서 폭언을 하거나 물건을 집어 던지는 등의 부적절한 행동

이러한 요소들을 통해 권력과 지위에 지나치게 집착한 나머지 정신적 균형을 잃어가는 현대판 리어의 모습을 그릴 수 있습니다.

셰익스피어: 좋아. 이제 이 현대판 리어왕의 클라이맥스 장면을 어떻게 구성할 수 있을까?

AI: 현대판 리어왕의 클라이맥스 장면을 다음과 같이 구성해 볼 수 있습니다.

1. 배경: 폭풍우가 몰아치는 밤, 회사의 마지막 이사회가 열리는 고층 빌딩의 회의실
2. 상황
   - 리어(CEO)는 장녀와 차녀의 배신으로 경영권을 완전히 상실할 위기에 처함
   - 막내딸이 회사를 구하기 위해 중요한 정보를 가지고 도착하려 하지만 교통체증에 막힘
   - 적대적 M&A를 시도하는 경쟁 기업의 최후통첩이 30분 후로 다가옴
3. 전개
   - 리어는 점점 더 광기 어린 행동을 보이며, 과거의 영광을 회상하는 독백을 늘어놓음
   - 이사들은 리어의 정신 상태를 의심하며 그의 퇴진을 요구
   - 장녀와 차녀는 서로를 배신하기 시작하며, 회사 내부의 권력 다툼이 절정에 이름

□ 막내딸이 극적으로 도착하지만, 이미 늦은 상황

4. 절정

□ 리어는 마지막 순간에 자신의 과오를 깨닫고 막내딸에게
용서를 구함

□ 그러나 경쟁 기업의 적대적 M&A가 성공하면서 리어가
평생 일구어온 회사는 다른 이의 손에 넘어감

□ 리어는 모든 것을 잃고 광기에 빠진 채 회의실을 뛰쳐나가고,
폭풍우 치는 빌딩 옥상에서 절규하는 장면으로 마무리

5. 연출 포인트

□ 빠르게 전개되는 사건들과 시간의 압박을 강조하여 긴박
감 고조

□ 폭풍우 치는 외부 날씨와 리어의 내면의 혼란을 대비시켜
극적 효과 증대

□ 현대 기업의 냉혹한 현실과 인간의 근원적인 감정(사랑, 배
신, 후회)을 조화롭게 섞어 표현

이 클라이맥스 장면은 현대 기업 사회의 냉혹함과 인간 본성의
보편적 테마를 동시에 다루며, 원작의 비극성을 현대적으로 재
해석합니다.

이러한 방식으로 AI와의 대화를 통해 작품의 구조, 캐릭터, 주요
장면 등을 발전시켜 나갈 수 있습니다. AI의 제안을 바탕으로 작가
는 자신만의 창의성을 더해 독특하고 현대적인 '리어왕' 버전을 완성
할 수 있을 것입니다.

AI로 논픽션 책 출간하기

"좋은 글쓰기는 설득력의 강도로 성공하거나 실패하지 않습니다. 그것은 당신을 참여시키고, 생각하게 만들며, 다른 사람의 머릿속을 엿볼 수 있게 하는 능력의 강도로 성공하거나 실패합니다." - 말콤 글래드웰

이 인용문은 AI를 활용한 논픽션 책 출간에도 적용될 수 있는 중요한 통찰을 제공합니다. 글래드웰은 좋은 논픽션이 단순히 사실을 전달하는 것을 넘어 독자를 참여시키고 새로운 관점을 제시해야 한다고 강조합니다.

주제 선정과 개요 작성

논픽션 책 쓰기의 첫 단계는 주제 선정과 개요 작성입니다. 이 과정은 전체 책의 방향성을 결정짓는 중요한 단계입니다.

1. 주제 탐색
   - 자신의 전문 분야와 현재 트렌드를 고려하여 주제를 선정합니다.
   - AI를 활용해 관심 분야의 최신 동향과 독자들의 관심사를 분석합니다.
2. 주제의 구체화
   - 선정한 주제를 더 구체적이고 독특한 관점으로 발전시킵니다.

- AI를 활용해 주제와 관련된 다양한 하위 주제나 관점을 탐색합니다.

3. 개요 작성

- 책의 전체 구조와 각 장의 주요 내용을 설계합니다.
- AI를 활용해 논리적이고 체계적인 목차 구성을 제안받습니다.

AI 활용 팁　다음과 같이 요청해 보세요. "나는 현재 기술 트렌드와 그 사회적 영향에 관심이 있어. 이와 관련된 논픽션 책 주제 5가지를 제안해 주고, 각 주제에 대한 간단한 개요도 작성해 줘."

AI를 활용한 자료 수집과 분석

논픽션 책 쓰기에서 철저한 자료 수집과 분석은 필수적입니다. AI는 이 과정을 더욱 효율적이고 포괄적으로 만들어줍니다.

1. 광범위한 자료 수집

- AI를 활용해 관련 논문, 뉴스 기사, 보고서 등을 빠르게 검색하고 수집합니다.
- 다양한 언어로 된 자료도 AI 번역을 통해 활용할 수 있습니다.

2. 데이터 분석

- AI를 이용해 대량의 데이터에서 패턴과 트렌드를 발견합니다.
- 통계 분석, 텍스트 마이닝 등 고급 분석 기법을 AI의 도움으로

수행합니다.

3. 자료 요약 및 정리

○ AI를 활용해 긴 문서나 논문의 핵심 내용을 요약합니다.

○ 수집한 자료를 주제별로 분류하고 구조화합니다.

AI 활용 팁   생성형 AI 검색기(퍼플렉시티, 서치GPT 등)에 다음과 같이 요청해 보세요. "AI 윤리에 관한 최근 3년간의 주요 연구 동향을 요약해 줘. 가장 많이 논의된 주제 5가지와 주제별 핵심 쟁점을 정리해 줘."

논리적 구조와 논증 전개

논픽션 책의 설득력은 논리적 구조와 탄탄한 논증에서 나옵니다. AI는 이러한 구조를 만들고 논증을 전개하는 데 도움을 줄 수 있습니다.

1. 논리적 구조 설계

○ 전체 책의 논리적 흐름을 AI와 함께 검토하고 최적화합니다.

○ 각 장과 절의 연결성을 AI를 통해 분석하고 개선합니다.

2. 논증 구성

○ AI를 활용해 각 주장에 대한 근거와 반론을 체계적으로 정리합니다.

○ 다양한 논증 기법을 AI의 제안을 통해 적용합니다.

3. 일관성 확보

○ AI를 이용해 전체 내용의 일관성을 체크하고 모순된 부분을 찾아냅니다.

○ 용어 사용의 일관성도 AI를 통해 확인합니다.

AI 활용 팁   다음과 같이 요청해 보세요. "AI 윤리에 관한 책의 한 장을 쓰려고 해. '인공지능의 편향성 문제'라는 주제로 논리적 구조를 만들어줘. 주요 주장, 근거, 예상되는 반론과 그에 대한 대응을 포함해 줘."

시각 자료와 도표 만들기

논픽션 책에서 시각 자료와 도표는 복잡한 정보를 쉽게 전달하고 독자의 이해를 돕는 중요한 요소입니다. AI는 이러한 시각 자료 제작을 지원할 수 있습니다.

1. 데이터 시각화

○ AI를 활용해 복잡한 데이터를 그래프, 차트 등으로 시각화합니다.

○ 다양한 시각화 옵션을 AI가 제안하고, 가장 효과적인 방식을 선택합니다.

2. 인포그래픽(Infographics) 제작

○ AI의 도움을 받아 주요 정보를 요약한 인포그래픽을 만듭

니다.

○ 텍스트와 이미지의 조화로운 배치를 AI가 제안합니다.

3. 다이어그램(diagram) 및 플로차트(flowchart)

○ 복잡한 프로세스나 관계를 설명하는 다이어그램을 AI와 함께
설계합니다.

○ AI가 제안하는 다양한 레이아웃 중 가장 적합한 것을 선택합
니다.

AI 활용 팁　다음과 같이 요청해 보세요. "AI 윤리에 관한 책에서 '인공
지능의 편향성 문제'를 설명하는 인포그래픽을 만들고 싶어. 포함해야 할
주요 요소들과 시각적 구성에 대한 아이디어를 제안해 줘."

전문성과 신뢰성 확보 전략

논픽션 책의 가치는 그 내용의 전문성과 신뢰성에서 나옵니다.
AI를 활용하여 이를 강화할 수 있습니다.

1. 최신 연구 동향 파악

○ AI를 통해 해당 분야의 최신 연구 논문과 발표를 지속적으로
모니터링합니다.

○ 새로운 발견이나 이론을 신속하게 책에 반영합니다.

2. 전문가 인용 및 참고

- AI를 활용해 해당 분야의 권위 있는 전문가들의 견해를 수집하고 분석합니다.
- 적절한 인용과 참고를 통해 내용의 신뢰성을 높입니다.

3. 팩트 체크
- AI를 이용해 책에 포함된 모든 사실과 데이터의 정확성을 검증합니다.
- 출처를 명확히 밝히고, 필요시 추가 검증을 수행합니다.

AI 활용 팁 다음과 같이 요청해 보세요. "AI 윤리 분야에서 현재 가장 영향력 있는 전문가 5명을 추천해 주고, 각 전문가의 주요 연구 분야와 대표적인 주장을 간단히 설명해 줘."

사례 연구: AI로 '글로벌 시장 진출 전략' 쓰기

이제 실제로 AI를 활용해 '글로벌 시장 진출 전략'이라는 주제의 논픽션 책을 쓰는 과정을 살펴보겠습니다.

주제 구체화

프롬프트 글로벌 시장 진출 전략에 대한 책의 세부 주제를 5가지 제안해 줘.

답변 글로벌 시장 진출 전략에 대한 세부 주제 5가지입니다.

1. 디지털 전환 시대의 글로벌 시장 진입 전략

2. 신흥 시장을 겨냥한 현지화 전략

3. 글로벌 공급망 최적화와 리스크 관리

4. 크로스보더 이커머스(Cross Border E-Commerce)를 통한 해외 시장 공략

5. ESG(Environmental, Social and Governance)경영을 활용한 글로벌 브랜드 가치 제고

개요 작성

프롬프트 이 중에서 '크로스보더 이커머스를 통한 해외 시장 공략'이라는 주제로 상세한 목차를 작성해 줘.

답변 크로스보더 이커머스를 통한 해외 시장 공략' 주제의 상세 목차입니다.

1장: 크로스보더 이커머스의 이해, 1.1 크로스보더 이커머스의 정의와 특징, 1.2 글로벌 이커머스 시장 현황과 전망, 1.3 주요국의 크로스보더 이커머스 정책 동향, 2장: 크로스보더 이커머스 플랫폼 선택과 활용, 2.1 주요 글로벌 이커머스 플랫폼 비교 분석, 2.2 지역별 특화 플랫폼의 이해, 2.3 플랫폼 선택 시 고려 사항, 3장: 크로스보더 이커머스 마케팅 전략, 3.1 글로벌 고객 분석 및 타겟팅, 3.2 현지화 전략 (언어, 문화, 결제 방식 등) 3.3 디지털 마케팅 기법 (SEO, SNS, 인플루언서 등), 4장: 물류 및 배송 최

적화, 4.1 국제 물류 시스템의 이해, 4.2 효율적인 재고 관리 전략, 4.3 반품 및 교환 정책 수립, 5장: 법률 및 규제 대응, 5.1 국가별 통관 절차 및 관세 이해, 5.2 소비자 보호법 및 제품 안전 규정 준수, 5.3 개인정보 보호 및 데이터 규제 대응, 6장: 성공 사례 분석, 6.1 글로벌 기업의 크로스보더 이커머스 성공 전략, 6.2 국내 중소기업의 해외 시장 진출 사례, 6.3 실패 사례를 통한 교훈, 7장: 미래 전망 및 대응 전략, 7.1 기술 발전에 따른 크로스보더 이커머스의 진화, 7.2 새로운 시장 기회와 도전 과제, 7.3 지속 가능한 글로벌 이커머스 전략 수립.

자료 수집 및 분석

프롬프트 크로스보더 이커머스 시장의 최근 3년간 성장률과 주요 트렌드를 조사해 줘.

답변 크로스보더 이커머스 시장의 최근 동향
시장 규모 및 성장률
2020년: 약 7800억 달러, 전년 대비 27% 성장
2021년: 약 9940억 달러, 전년 대비 27% 성장
2022년: 약 1조 2600억 달러, 전년 대비 26% 성장 예상
주요 트렌드: a) 모바일 쇼핑의 급증: 전체 거래의 60% 이상이 모바일 기기를 통해 이루어짐, b) 신흥 시장의 부상: 동남아, 남미, 아프리카 등 신흥 시장의 급격한 성장, c) 실시간 고객 서비

스: AI 챗봇, 24/7 고객 지원 등 실시간 서비스 중요성 증가, d) 지속가능성 강조: 친환경 제품, 윤리적 소비에 대한 관심 증가, e) 새로운 결제 방식: 암호화폐, BNPL(Buy Now Pay Later, 선구매 후 결제) 등 다양한 결제 옵션 등장.

본문 작성

프롬프트 2장의 '2.1 주요 글로벌 이커머스 플랫폼 비교 분석' 섹션의 도입부를 약 200단어로 작성해 줘. 독자의 관심을 끌 수 있는 흥미로운 통계나 사례로 시작하면 좋겠어.

답변 2020년, 전 세계 이커머스 매출의 62%가 단 세 개의 글로벌 플랫폼 - 아마존, 알리바바, 이베이에서 발생했다는 사실을 알고 계셨나요? 이는 글로벌 이커머스 시장이 얼마나 소수의 거대 플랫폼을 중심으로 재편되고 있는지를 잘 보여줍니다. 하지만 이는 동시에 새로운 기회이기도 합니다. 적절한 플랫폼 선택만으로도 전 세계 소비자에게 즉시 접근할 수 있는 시대가 온 것입니다. 이 장에서는 아마존, 알리바바, 이베이뿐만 아니라 라쿠텐, 쇼피, 징동 등 주요 글로벌 및 지역 이커머스 플랫폼들을 심층적으로 분석해 보겠습니다. 각 플랫폼의 특징, 주요 시장, 수수료 체계, 물류 시스템, 마케팅 지원 등을 비교하여, 여러분의 제품과 목표 시장에 가장 적합한 플랫폼을 선택할 수 있도록 도와드리겠습니다. 플랫폼 선택은 단순히 가장 큰 시장을 가진 곳을 고르는 것이 아닙니다. 2021년 동남아 이커머스 시장에서 쇼피가 아마존을 제치고 1위를 차지한 사례에서 볼 수 있듯이, 때로는 지역 특화 플랫폼이 더 큰 성공을 가져다줄 수 있습니다. 자, 이제 각 플랫폼을 자세히 들여다보며 여러분의 글로벌 진출을 위한 최적의 선택을 함께 고민해 보겠습니다.

시각 자료 생성

프롬프트 주요 글로벌 이커머스 플랫폼을 비교하는 표를 만들어줘. 플랫폼 이름, 주요 시장, 판매자 수수료, 특징 등을 포함해.

답변 다음과 같은 표를 제안합니다.

플랫폼	주요 시장	판매자 수수료	특징
아마존	북미, 유럽	8–15%	FBA(Fulfillment by Amazon) 서비스, A to Z 보장 프로그램
알리익스프레스	글로벌	5–8%	저가 제품에 강점, Ali Express 물류 서비스
이베이	글로벌	10–12%	경매 시스템, 개인 판매자 친화적
쇼피	동남아	1–5%	현지화에 강점, 통합 마케팅 도구 제공
라쿠텐	일본, 글로벌	8–10%	포인트 시스템, 다양한 카테고리

이 표는 주요 정보를 간단히 비교할 수 있게 해주며, 본문에서

각 항목에 대해 더 자세히 설명할 수 있습니다.

전문성 확보

프롬프트 크로스보더 이커머스 분야의 최신 연구 논문 3개를 추천해 주고, 각 논문의 주요 발견이나 주장을 간단히 줄여줘.

답변 크로스보더 이커머스 관련 최신 연구 논문 3개와 그 요약입니다.

1. 제목: 'Cross-border E-commerce: A New Engine for Global Trade' 저자: Li, Zhang, et al. (2023) 주요 발견: 크로스보더 이커머스가 글로벌 무역의 새로운 동력이 되고 있으며, 특히 중소기업의 해외 시장 진출에 큰 기회를 제공하고 있음. 그러나 물류, 결제, 언어 장벽 등의 도전과제도 존재함.

2. 제목: 'Trust in Cross-Border E-Commerce: A Multi-Dimensional Approach' 저자: Wang, Kim, et al. (2022) 주요 주장: 크로스보더 이커머스에서 소비자 신뢰는 다차원적이며, 플랫폼 신뢰, 판매자 신뢰, 제품 신뢰 등으로 구성됨. 각 차원의 신뢰를 높이기 위한 전략적 접근이 필요함.

3. 제목: 'The Impact of COVID-19 on Global Cross-Border E-Commerce' 저자: Johnson, Lee, et al. (2023) 주요 발견: COVID-19 팬데믹이 크로스보더 이커머스의 급격한 성장을 촉진했으며, 특히 건강, 홈 리빙 카테고리에서 큰 성

> 장이 있었음. 또한 비접촉 배송, 디지털 결제 등의 트렌드
> 가 강화됨.

이와 같은 방식으로 AI의 도움을 받아 책의 각 부분을 발전시키고, 최신 정보와 데이터를 포함시키며, 논리적 구조를 갖춘 전문성 있는 논픽션 책을 완성해 나갈 수 있습니다. 단, AI의 제안은 항상 비판적으로 검토하고, 필요한 경우 추가 조사와 검증을 거쳐야 합니다. 최종적인 내용 선택과 표현은 항상 저자의 몫임을 잊지 마세요.

12

AI로 자서전 쓰기

"우리는 그 자아가 얼마나 두렵거나 이상하게 드러나더라도 우리 자신이 되는 용기를 가져야 합니다." -메이 사튼

이 인용문은 자서전 쓰기의 핵심을 잘 표현합니다. AI를 활용한 자서전 쓰기에서도 이 원칙은 중요합니다. AI는 우리의 기억을 정리하고 구조화하는 데 도움을 줄 수 있지만, 진정한 자아를 드러내는 용기는 여전히 작가 자신에게서 나와야 합니다.

자서전 구조 잡기

자서전의 구조는 단순한 연대기적 나열을 넘어, 당신 삶의 주요 주제와 전환점을 효과적으로 전달할 수 있어야 합니다.

1. **테마 선정**
   - 자신의 삶을 관통하는 주요 테마를 정합니다.
   - AI를 활용해 자신의 경험과 관련된 보편적 주제를 탐색합니다.
2. **시간 구조 결정**
   - 연대기적 구조 또는 테마 별 구조 중 선택합니다.
   - AI를 활용해 각 구조의 장단점을 분석합니다.
3. **주요 사건 선별**

- 삶의 전환점이 된 중요한 사건들을 나열합니다.
- AI를 활용해 각 사건의 의미와 영향을 분석합니다.

AI 활용 팁 다음과 같이 요청해 보세요. "내 삶의 주요 사건들을 나열할 테니, 이를 바탕으로 자서전의 구조를 제안해줘. 각 장의 제목과 간단한 설명을 포함해 줘."

기억 되살리기와 연대기 작성

자서전 쓰기에서 가장 중요한 것은 정확하고 생생한 기억을 되살리는 것입니다. AI는 이 과정을 체계화하고 풍부하게 만드는 데 도움을 줄 수 있습니다.

1. 기억 촉진 기법
- 사진, 일기, 편지 등 개인 기록물을 활용합니다.
- AI를 활용해 특정 시기의 사회적, 문화적 맥락을 재구성합니다.

2. 연대기 작성
- 주요 사건들을 시간 순서대로 나열합니다.
- AI를 활용해 각 사건의 전후 관계와 인과 관계를 분석합니다.

3. 기억의 검증
- 가족이나 지인들과의 대화를 통해 기억을 확인합니다.

○ AI를 활용해 기억의 일관성과 정확성을 체크합니다.

AI 활용 팁　다음과 같이 요청해 보세요. "1990년대 초반 한국의 사회, 문화적 배경을 설명해 줘. 당시의 주요 사건, 유행, 대중문화 등을 포함해서."

AI를 활용한 감정 표현과 묘사

자서전에서 사실적 서술만큼 중요한 것이 감정의 표현과 생생한 묘사입니다. AI는 이를 더욱 풍부하고 다채롭게 만드는 데 도움을 줄 수 있습니다.

1. 감정 분석
○ 각 사건에 대한 당시의 감정과 현재의 감정을 구분하여 기록합니다.
○ AI를 활용해 감정의 복잡성과 변화를 분석합니다.

2. 상세한 묘사
○ 장소, 사람, 상황 등을 구체적으로 묘사합니다.
○ AI를 활용해 더욱 생생하고 감각적인 묘사를 만들어냅니다.

3. 내적 독백 추가
○ 주요 사건에 대한 내면의 생각과 고민을 표현합니다.
○ AI를 활용해 다양한 내적 독백 스타일을 실험합니다.

다음과 같이 요청해 보세요. "첫 직장에서 큰 실수를 저질렀을 때의 감정과 생각을 묘사해 줘. 내적 독백 형식으로 작성해 줘."

사적 경험의 보편적 공감대 만들기

자서전의 힘은 개인의 독특한 경험을 통해 보편적인 인간의 모습을 보여주는 데 있습니다. AI는 이러한 연결고리를 찾고 강화하는 데 도움을 줄 수 있습니다.

1. **경험의 일반화**
   - 개인적 경험에서 보편적 의미를 추출합니다.
   - AI를 활용해 유사한 경험이나 상황을 가진 사람들의 이야기를 탐색합니다.
2. **메타포와 비유 사용**
   - 추상적인 감정이나 경험을 구체적인 이미지로 표현합니다.
   - AI를 활용해 다양한 메타포와 비유를 생성하고 실험합니다.
3. **사회적 맥락 연결**
   - 개인의 경험을 당시의 사회적, 역사적 맥락과 연결 짓습니다.
   - AI를 활용해 개인사와 사회사의 접점을 찾습니다.

다음과 같이 요청해 보세요. "첫 직장에서의 실패 경험을 더 보편적인 주제인 '성장과 학습'으로 연결시키는 방법을 제안해 줘. 이를 표현할 수 있는 적절한 메타포도 함께 제시해 줘."

윤리적 고려 사항과 법적 문제 피하기

자서전 쓰기에는 윤리적, 법적 고려 사항이 따릅니다. 특히 다른 사람들의 이야기가 포함될 때 더욱 주의가 필요합니다.

1. **개인정보 보호**
   - 타인의 사생활을 침해하지 않도록 주의합니다.
   - AI를 활용해 민감한 정보를 식별하고 처리 방안을 제안받습니다.
2. **사실 확인**
   - 주요 사건이나 날짜에 대해 철저히 확인합니다.
   - AI를 활용해 기억의 정확성을 검증하고 보완합니다.
3. **법적 검토**
   - 명예훼손이나 저작권 침해 가능성을 체크합니다.
   - AI를 활용해 잠재적 법적 이슈를 식별하고 대안을 모색합니다.

AI 활용 팁   다음과 같이 요청해 보세요. "자서전 쓰기에서 고려해야 할 윤리적, 법적 주의 사항 리스트를 만들어줘. 각 항목에 대한 간단한 설명도 포함해 줘."

사례 연구: AI와 함께 쓰는 '나의 성공 스토리'

이제 실제로 AI를 활용해 '나의 성공 스토리'라는 주제의 자서전을 쓰는 과정을 살펴보겠습니다.

구조 잡기

프롬프트 성공한 기업가의 자서전 구조를 제안해 줘. 주요 장들과 각 장에 포함될 내용을 개략적으로 설명해 줘.

답변 성공한 기업가의 자서전 구조 제안: 1장: 초기의 꿈 (어린 시절과 교육)

- 가정 환경과 성장 배경
- 첫 번째 사업 아이디어나 기업가 정신의 싹틈 2장: 도전의 시작 (첫 사업 시도)
- 첫 사업 아이템 선정과 준비 과정
- 초기의 어려움과 극복 과정 3장: 실패와 교훈 (첫 번째 큰 위기)
- 사업 실패의 원인 분석
- 실패에서 배운 중요한 교훈들 4장: 전환점 (새로운 기회 발견)
- 현재 사업의 아이디어 탄생 과정
- 시장 분석과 사업 모델 수립 5장: 성장의 단계 (사업의 확장)
- 주요 성공 요인 분석

- 팀 빌딩과 기업 문화 형성 과정 6장: 정상에 서서 (현재의 성공)
- 현재 기업의 위치와 영향력
- 개인적 성취와 사회적 책임 7장: 미래를 향해 (다음 목표와 비전)
- 기업의 미래 전략
- 개인적 목표와 후대에 남기고 싶은 유산 구조는 전형적인 '영웅의 여정' 구조를 따르면서도, 기업가로서의 특별한 경험을 강조합니다.

기억 되살리기

프롬프트 첫 사업 실패 당시의 감정과 생각을 묘사하는 짧은 단락을 써줘. 내면의 갈등과 극복 의지를 보여줄 수 있도록.

답변 첫 사업의 실패를 마주한 그 순간, 나는 깊은 절망의 나락으로 떨어졌다. 모든 것이 무너져 내리는 듯했고, 자책과 후회가 나를 옥죄었다. '왜 이런 실수를 했을까', '다시 일어설 수 있을까'라는 의문이 끊임없이 머릿속을 맴돌았다. 하지만 동시에, 가슴 깊은 곳에서 불꽃 같은 의지가 타오르기 시작했다. 이 실패가 끝이 아니라 새로운 시작이 될 수 있다는 희미한 믿음이 생겼다. 실패의 쓴맛은 고통스러웠지만, 그 속에서 값진 교훈을 얻었다는 것을 깨달았다. 이제 나는 더 강해질 것이다, 더 현명해질 것이다, 그리고 반드시 다시 일어설 것이다. 이 결심은 나를 새로운 도전으로 이끄는 원동력이 되었다.

보편적 공감대 만들기

프롬프트 사업 실패 경험을 '회복력과 성장'이라는 보편적 주제와 연결시키는 방법을 제안해 줘. 적절한 메타포도 함께 제시해 줘.

답변 사업 실패 경험을 '회복력과 성장'이라는 보편적 주제와 연결시키는 방법입니다.

- 실패를 배움의 기회로 재해석: 실패가 단순한 좌절이 아니라 귀중한 학습 경험임을 강조

- 역경 극복의 과정 서술: 실패 후 다시 일어서는 과정을 상세히 묘사하여 회복력의 중요성 강조

- 성장 마인드셋 강조: 실패를 통해 자신의 한계를 극복하고 새로운 기술과 지식을 습득하는 과정 설명

- 인간관계의 중요성: 어려운 시기에 도움을 준 사람들의 이야기를 통해 네트워크와 관계의 가치 강조

- 자기 성찰의 시간: 실패로 인한 자기 성찰이 개인적, 직업적 성장에 미친 영향 서술

- 적절한 메타포: '폭풍 후의 숲' 사업 실패는 마치 숲을 강타한 거친 폭풍과 같았다. 많은 나무들이 쓰러지고, 잎들

이 떨어져 나갔다. 하지만 폭풍이 지나간 후, 숲은 천천히 회복되기 시작했다. 쓰러진 나무들 사이로 새로운 싹이 돋아나고, 더 강한 뿌리를 내린 나무들은 더욱 굳건히 서 있었다. 시간이 지나며 숲은 이전보다 더 울창하고 다양한 생태계를 품게 되었다. 이처럼 사업 실패 후의 회복과 성장 과정은 폭풍 후 더욱 강해진 숲과 같다. 실패라는 폭풍은 고통스러웠지만, 그 과정에서 우리는 더 강해지고, 유연해지며, 다양한 경험을 쌓게 된다.

윤리적 고려 사항 처리

프롬프트 자서전에서 사업 파트너와의 갈등을 다룰 때 주의해야 할 윤리적, 법적 사항들을 리스트로 만들어줘.

답변 사업 파트너와의 갈등을 다룰 때 주의해야 할 윤리적, 법적 사항들

- 개인정보 보호: 파트너의 실명이나 식별 가능한 정보 사용 자제
- 명예훼손 주의: 파트너의 평판을 해칠 수 있는 내용 피하기
- 사실 확인: 모든 주장이 증거로 뒷받침될 수 있는지 확인
- 균형 잡힌 시각: 갈등의 양측 입장을 공정하게 다루기
- 비밀유지 의무: 기존 계약이나 합의에서의 비밀유지 조항 준수

- □ 법적 자문: 민감한 내용은 출판 전 법률 전문가의 검토 받기
- □ 감정적 표현 자제: 객관적 사실 중심으로 서술하기
- □ 해결 과정 강조: 갈등 자체보다 해결 과정과 교훈에 초점 맞추기
- □ 제3자 영향 고려: 갈등 서술이 현재 회사나 직원들에게 미칠 영향 고려
- □ 동의 획득: 가능하다면 언급되는 인물들의 사전 동의받기

이 사항들을 고려하면 윤리적이고 법적으로 안전한 방식으로 갈등을 다룰 수 있습니다.

AI와 함께 실제 글쓰기

프롬프트 첫 사업 성공 당시의 흥분과 기쁨을 묘사하는 짧은 단락을 써줘. 감각적인 묘사와 내면의 감정을 잘 표현해 줘.

답변 첫 대규모 계약서에 서명하는 순간, 내 손이 미세하게 떨리는 것을 느꼈다. 펜을 떼자마자 사무실에 박수 소리가 울려 퍼졌다. 동료들의 환호성과 축하의 목소리가 내 귓가에 맴돌았지만, 그 소리는 마치 먼 곳에서 들려오는 것처럼 희미하게 느껴졌다. 내 시선은 계약서의 잉크가 마르는 것에 고정되어 있었다. 그 검은 선들이 우리의 미래를 그려내고 있었다. 가슴 속에서는 뜨거운 기쁨과 자부심이 용암처럼 끓어올랐다. 동시에 이 성공이 가져올 책임감의 무게도 느껴졌다. 샴페인 코르크가 '팝' 하고 터

지는 소리에 현실로 돌아왔다. 차가운 샴페인의 거품이 입안에서 톡톡 터지며, 이 순간이 꿈이 아님을 일깨워주었다. 창밖으로 보이는 도시의 불빛들이 평소보다 더 밝게 빛나는 것 같았다. 그 불빛들처럼, 우리의 미래도 밝게 빛날 것이라는 확신이 들었다.

이러한 방식으로 AI의 도움을 받아 자서전의 각 부분을 발전시키고, 생생한 묘사와 깊이 있는 성찰을 담아낼 수 있습니다. 단, AI의 제안은 항상 자신의 실제 경험과 감정에 비추어 검토하고 수정해야 합니다. 최종적으로는 당신만의 독특한 목소리와 스타일로 자서전을 완성해 나가는 것이 중요합니다.

[참고] AI 자서전 작가로서 의뢰인에게 요청하는 정보

1.개인 정보
- 이름, 생년월일, 출생지
- 가족 구성 (부모, 형제자매, 배우자, 자녀 등)
- 학력 및 주요 교육 경험

2.경력 및 성취
- 직업 이력 (회사명, 직위, 재직 기간)
- 주요 프로젝트나 업적
- 수상 경력이나 자격증

3.인생의 주요 사건
- 개인적 전환점이 된 사건들

○ 가장 기억에 남는 성공과 실패 경험

○ 중요한 만남이나 이별

4.가치관과 철학

○ 삶의 모토나 좌우명

○ 영향을 받은 사람이나 책, 사건

○ 개인적인 신념이나 가치관

5.도전과 극복

○ 직면했던 주요 어려움이나 위기

○ 그것을 극복한 방법과 배운 점

○ 실패로부터 얻은 교훈

6.관계와 네트워크

○ 멘토나 롤모델

○ 중요한 동료나 파트너

○ 가족과의 특별한 추억

7.업적과 공헌

○ 사회나 업계에 기여한 내용

○ 창업이나 혁신 사례

○ 후배들에게 전하고 싶은 조언

8.개인적 취미와 관심사

○ 여가 활동이나 취미

○ 특별한 재능이나 기술

○ 여행 경험이나 문화적 체험

9.미래 계획과 비전

- ○ 앞으로의 목표나 꿈
- ○ 이루고 싶은 변화나 영향력
- ○ 자신의 유산(legacy)에 대한 생각

10. 시각 자료

- ○ 주요 시기별 사진들
- ○ 중요한 문서나 상장의 사본
- ○ 작업물이나 프로젝트의 이미지

11. 연대기적 정보

- ○ 주요 사건들의 날짜와 시간
- ○ 인생의 단계별 기간
- ○ 경력 발전의 타임라인

12. 감정과 내적 경험

- ○ 주요 사건들에 대한 당시의 감정
- ○ 시간이 지난 후의 소회나 성찰
- ○ 가장 강렬했던 감정적 경험들

이러한 정보들을 의뢰인으로부터 수집하면, AI에게 더욱 풍부하고 개인화된 자서전을 작성하도록 지시할 수 있을 것입니다. 각 카테고리의 정보는 자서전의 다양한 장면과 주제를 구성하는 데 도움이 될 것입니다.

AI 시대의 작가 정체성과 출판 전략

"함께 쓰자. 나는 아내와 대화가 곧 글쓰기 과정이다. 내 곁에는 글쓰기 광야를 함께 가는 동무가 있다. 서로 길을 물으며 길을 찾아가는 동행이 있다."
– 《강원국의 글쓰기》 중에서

강원국 작가는 글쓰기를 혼자만의 여정이 아닌, 함께 나누는 대화와 동행의 과정으로 표현합니다. 그에게 아내는 글쓰기의 동반자이자 영감의 원천입니다. AI 시대에도 이러한 개념을 적용할 수 있습니다. AI가 작가의 새로운 '동무'가 되어, 함께 아이디어를 나누고 글쓰기의 여정을 탐험하는 동반자 역할을 할 수 있을 것입니다.

AI 시대 작가의 역할 재정의

AI의 등장으로 작가의 역할은 크게 변화하고 있습니다. 이제 작가는 단순한 내용 생산자를 넘어 AI와의 협업자, 큐레이터, 그리고 비전 제시자로 거듭나고 있습니다.

1. AI와의 협업자
  ○ AI를 창의적 파트너로 활용하는 법을 익힌다.
  ○ AI의 제안을 비판적으로 평가하고 발전시키는 능력을 기른다.

2. 콘텐츠 큐레이터
  ○ AI가 생성한 대량의 콘텐츠에서 가치 있는 정보를 선별한다.

○ 다양한 소스의 정보를 종합하여 새로운 통찰을 제공한다.

3. 비전 제시자

○ AI가 할 수 없는 창의적 비전과 독특한 관점을 제시한다.

○ 인간만이 할 수 있는 감성적, 윤리적 판단을 통해 작품의 방향
을 결정한다.

AI 활용 팁   다음과 같이 요청해 보세요. "AI 시대에 작가가 갖춰야 할
새로운 역량 5가지를 제안해 줘. 각 역량에 대한 간단한 설명과 개발 방법
도 포함해 줘."

AI의 예상 답변

1. AI 리터러시(literacy)

○ 설명: AI 도구의 기능과 한계를 이해하고 효과적으로 활용하
는 능력

○ 개발 방법: 다양한 AI 쓰기 도구 실습, AI 관련 온라인 강좌 수
강

2. 데이터 분석 능력

○ 설명: 빅데이터를 해석하여 트렌드를 파악하고 스토리에 반영
하는 능력

○ 개발 방법: 데이터 시각화 도구 학습, 기초 통계 과정 이수

3. 협업 및 프로젝트 관리 능력

○ 설명: AI, 디자이너, 마케터 등 다양한 전문가와 효과적으로 협
업하는 능력

○ 개발 방법: 협업 도구 활용, 프로젝트 관리 방법론 학습

4. 크로스 미디어 스토리텔링

○ 설명: 텍스트, 오디오, 비디오 등 다양한 매체에 맞게 스토리를 각색하는 능력

○ 개발 방법: 다양한 미디어 제작 도구 학습, 트랜스미디어 스토리텔링 과정 이수

5. 윤리적 판단력

○ 설명: AI 사용에 따른 윤리적 문제를 인식하고 해결하는 능력

○ 개발 방법: AI 윤리 관련 세미나 참석, 케이스 스터디 분석

후속 질문(프롬프트) 이 중에서 '크로스 미디어 스토리텔링'에 대해 더 자세히 알고 싶어. 실제 작가가 이 능력을 개발하고 적용할 수 있는 구체적인 방법 3가지를 제안해 줄 수 있어?

저작권과 AI 생성 콘텐츠의 소유권

AI 생성 콘텐츠의 저작권 문제는 복잡하고 아직 명확한 법적 기준이 확립되지 않았습니다. 작가는 이러한 불확실성 속에서 신중하게 접근해야 합니다.

1. AI 생성 콘텐츠의 법적 지위

○ 현재 대부분의 국가에서 AI 생성물에 대한 저작권을 인정하지

않는다.

- ○ 그러나 AI를 도구로 사용한 인간 창작물은 저작권 보호를 받을 수 있다.

2. 저작권 보호 전략

- ○ AI 활용 과정에서 인간의 창의적 기여를 명확히 문서화한다.
- ○ AI 생성 콘텐츠를 원본 그대로 사용하지 않고 반드시 인간이 편집, 수정한다.

3. AI 서비스 제공업체와의 계약

- ○ 사용하는 AI 도구의 이용약관을 꼼꼼히 확인한다.
- ○ 필요시 법률 전문가의 자문을 구한다.

AI 활용 팁   다음과 같이 요청해 보세요. "AI 생성 콘텐츠를 활용한 책을 출판할 때 고려해야 할 법적, 윤리적 문제점 5가지를 제시해 줘. 각 문제점에 대한 간단한 설명과 대응 방안도 포함해 줘."

AI의 예상 답변

1. 저작권 귀속 문제

- ○ 설명: AI 생성 콘텐츠의 저작권이 누구에게 있는지 불분명함
- ○ 대응 방안: 인간의 창의적 기여를 명확히 하고, AI 활용 사실을 밝힘

2. 표절 및 데이터 오염

- ○ 설명: AI가 학습한 데이터에 저작권 침해 요소가 있을 수 있음
- ○ 대응 방안: AI 생성 내용을 철저히 검증하고 출처를 확인

3. 책임 소재의 불명확성

- 설명: AI 생성 내용의 오류나 편향성에 대한 책임 주체가 모호함
- 대응 방안: 최종 내용에 대한 인간의 검토와 승인 과정을 거침

4. 투명성 및 진정성 문제

- 설명: 독자들에게 AI 활용 사실을 알려야 하는지에 대한 윤리적 딜레마
- 대응 방안: 서문이나 후기에 AI 활용 사실과 정도를 명시

5. 개인정보 보호

- 설명: AI 학습 데이터에 포함된 개인정보 유출 가능성
- 대응 방안: 개인식별정보 제거, 데이터 익명화 과정 거치기

후속 질문(프롬프트)　　AI 생성 콘텐츠의 저작권에 대한 최근의 법적 판례나 정부 정책 동향을 알려줄 수 있어? 특히 작가들에게 영향을 미칠 수 있는 중요한 변화가 있다면 설명해 줘.

AI를 활용한 마케팅과 독자층 확보

AI는 책 마케팅과 독자층 확보에 있어서도 강력한 도구가 될 수 있습니다. 작가는 AI를 활용해 더 효과적으로 타겟 독자에게 다가갈 수 있습니다.

1. 독자 분석

○ AI를 활용해 독자의 관심사, 읽기 패턴 등을 분석한다.

○ 이를 바탕으로 맞춤형 콘텐츠 전략을 수립한다.

2.콘텐츠 최적화

○ AI 분석을 통해 검색 엔진에 최적화된 책 설명과 홍보 문구를 작성한다.

○ 소셜미디어에 적합한 짧은 홍보 콘텐츠를 AI로 생성한다.

3.개인화된 추천

○ AI 알고리즘을 활용해 독자 별 맞춤 도서 추천 시스템을 구축한다.

○ 이메일 마케팅 등에 이를 활용한다.

AI 활용 팁　다음과 같이 요청해 보세요. "AI를 활용한 책 마케팅 전략 5가지를 제안해 줘. 각 전략에 대한 구체적인 실행 방법과 기대 효과도 설명해 줘."

AI의 예상 답변

1.AI 기반 독자 세그멘테이션(Segmentation)

○ 실행 방법: 독자 데이터를 AI로 분석하여 세부 그룹으로 나눔

○ 기대 효과: 각 그룹에 맞는 맞춤형 마케팅으로 전환율 향상

2.챗봇을 활용한 대화형 추천

○ 실행 방법: 웹사이트에 AI 챗봇을 도입하여 독자와 대화하며 책 추천

○ 기대 효과: 사용자 경험 개선 및 구매 전환율 증가

3. AI 생성 소셜미디어 콘텐츠

- 실행 방법: AI로 다양한 형식의 소셜미디어 포스트 생성 및 최적화
- 기대 효과: 콘텐츠 생산성 향상 및 소셜미디어 참여도 증가

4. 예측적 분석을 통한 출시 전략

- 실행 방법: AI로 시장 트렌드와 독자 선호도를 분석하여 최적의 출시 시기 결정
- 기대 효과: 초기 판매량 증가 및 마케팅 효율성 제고

5. AI 기반 가격 최적화

- 실행 방법: 시장 상황과 경쟁사 가격을 AI로 분석하여 최적 가격 책정
- 기대 효과: 수익 최적화 및 가격 경쟁력 확보

후속 질문(프롬프트)   이 중에서 'AI 생성 소셜미디어 콘텐츠' 전략에 대해 더 자세히 알고 싶어. 구체적으로 어떤 종류의 콘텐츠를 어떻게 생성하고, 이를 효과적으로 활용하는 방법을 설명해 줄 수 있어?

전자책과 오디오북 제작 전략

디지털 시대에 전자책과 오디오북은 점점 더 중요해지고 있습니다. AI는 이러한 형태의 책 제작을 더욱 효율적이고 혁신적으로 만들어줍니다.

1. 전자책 최적화

- AI를 활용해 다양한 디바이스에 최적화된 레이아웃을 자동으로 생성한다.
- 양방향적인 요소를 AI로 개발하여 독자 경험을 향상시킨다.

2. 오디오북 제작

- AI 음성 합성 기술을 활용해 자연스러운 내레이션을 생성한다.
- AI 감정 분석을 통해 텍스트에 맞는 최적의 음성 톤과 속도를 결정한다.

3. 멀티미디어 콘텐츠 통합

- AI를 활용해 텍스트와 어울리는 이미지, 음악, 동영상 등을 추천하여 통합한다.
- AR/VR 요소를 AI로 개발하여 몰입도 높은 독서 경험을 제공한다.

AI 활용 팁　다음과 같이 요청해 보세요. "AI를 활용한 혁신적인 전자책/오디오북 제작 아이디어 5가지를 제안해 줘. 각 아이디어의 구체적인 구현 방법과 독자들에게 줄 수 있는 가치도 설명해 줘."

AI의 예상 답변

1. 개인화된 스토리 브랜칭(branching)

- 구현 방법: AI가 독자의 선택에 따라 실시간으로 스토리를 분기하고 생성
- 가치: 독자마다 특별한 스토리 경험 제공, 재독 욕구 증가

2. **실시간 배경음악 생성**

  ○ 구현 방법: AI가 텍스트의 감정과 분위기를 분석하여 실시간
   으로 배경음악 작곡

  ○ 가치: 더욱 몰입감 있는 독서 경험, 감정적 연결 강화

3. **동적 일러스트레이션**

  ○ 구현 방법: AI가 텍스트를 분석하여 실시간으로 관련 일러스
   트레이션 생성

  ○ 가치: 시각적 이해 증진, 상상력 자극

4. **멀티 언어 실시간 번역**

  ○ 구현 방법: AI가 독자가 선택한 언어로 실시간 번역 및 음성 변환

  ○ 가치: 언어 장벽 없는 글로벌 독서 경험 제공

5. **맥락 기반 백과사전**

  ○ 구현 방법: AI가 텍스트 내용을 분석하여 관련 정보를 실시간
   으로 제공

  ○ 가치: 깊이 있는 이해 및 학습 경험 제공

후속 질문(프롬프트)　　이 중에서 '개인화된 스토리 브랜칭' 아이디어가 흥미로워 보여. 이를 실제로 구현할 때 고려해야 할 기술적, 창작적 도전 과제들은 무엇이 있을까? 그리고 이런 형태의 책이 전통적인 선형적 서사와 어떻게 다른 가치를 제공할 수 있을지 설명해 줘.

AI와 협업하는 미래의 작가상

AI 시대의 작가는 단순히 AI를 도구로 사용하는 것을 넘어, AI와 진정한 의미의 협업을 이루는 존재가 될 것입니다. 이는 새로운 형태의 창작과 표현 방식을 가능케 할 것입니다.

1. AI 공동 창작자

- 작가가 제시한 아이디어를 AI가 확장하고 발전시키는 형태의 협업
- AI의 제안을 바탕으로 작가가 새로운 창작 방향을 모색

2. AI 큐레이션 전문가

- AI가 생성한 대량의 콘텐츠에서 가치 있는 내용을 선별하고 재구성
- AI의 출력을 인간의 통찰력으로 재해석하고 의미를 부여

3. AI-인간 하이브리드 작가

- AI의 데이터 처리 능력과 인간의 창의성을 결합한 새로운 형태의 작가
- 실시간으로 AI와 소통하며 작품을 만들어가는 과정

AI 활용 팁 다음과 같이 요청해 보세요. "AI와 인간 작가의 협업으로 만들어질 수 있는 새로운 형태의 문학 장르 5가지를 제안해 줘. 각 장르의 특징과 기존 문학과의 차이점을 설명해 줘."

AI의 예상 답변

1. **퀀텀 픽션(Quantum Fiction)**
   - ○ 특징: 동시에 여러 개가 가능한 플롯이 존재하며, 독자의 선택에 따라 실시간으로 이야기가 변화
   - ○ 차이점: 기존의 선형적 서사를 넘어 다중 우주 이론을 문학에 적용

2. **데이터 포엠(Data Poem)**
   - ○ 특징: 빅데이터 분석 결과를 AI가 시적 언어로 표현하고 인간 시인이 다듬음
   - ○ 차이점: 객관적 데이터와 주관적 감성의 융합, 새로운 형태의 서정성 창출

3. **바이오그래피컬 시뮬레이션(Biographical Simulation)**
   - ○ 특징: 역사적 인물의 데이터를 바탕으로 AI가 가상의 삶을 시뮬레이션하고 작가가 서술
   - ○ 차이점: 역사와 상상력의 경계를 넘나드는 새로운 형태의 전기 문학

4. **뉴럴 스트림 라이팅(Neural Stream Writing)**
   - ○ 특징: 작가의 뇌파를 AI가 실시간으로 분석하여 의식의 흐름을 텍스트로 변환
   - ○ 차이점: 인간의 무의식과 AI의 패턴 인식이 결합된 극단적 형태의 의식 흐름 기법

4. **메타버스 콜라보레이티브 픽션(Metaverse Collaborative Fiction)**

- 특징: 가상 세계에서 다수의 작가와 AI가 실시간으로 협업하여 이야기를 만들어감
- 차이점: 작가, AI, 독자의 경계가 모호해지는 초연결 문학 세계 구현

후속 질문(프롬프트)   이 중에서 '메타버스 콜라보레이티브 픽션'이 특히 흥미로워 보여. 이런 형태의 문학이 실제로 구현된다면 어떤 기술적, 창작적 과제들이 있을까? 그리고 이것이 문학의 본질과 작가의 역할에 어떤 변화를 가져올 것 같아?

이렇게 AI와의 대화를 통해 AI 시대의 작가 정체성과 출판 전략에 대해 깊이 있게 탐구할 수 있습니다. 중요한 것은 AI의 제안을 단순히 수용하는 것이 아니라, 이를 바탕으로 비판적 사고를 하고 창의적인 아이디어를 발전시키는 것입니다. AI 시대의 작가는 이러한 능력을 갖춰야 진정한 의미의 AI 협업자가 될 수 있을 것입니다.

PART
3

왕초보를 위한
AI 입문 클래스

생성형 AI 이해하기

생성형 AI란 무엇인가?

생성형 AI는 주어진 정보를 바탕으로 새로운 콘텐츠를 만들어내는 인공지능 기술입니다. 이는 마치 대화 상대방처럼 우리의 질문에 답하고, 요청에 따라 다양한 작업을 수행할 수 있습니다.

- 특징
  - 텍스트, 이미지, 음성 등 다양한 형태의 콘텐츠 생성 가능
  - 사용자의 입력에 따라 맞춤형 응답 제공
  - 지속적인 학습과 업데이트로 성능 향상
- 일상생활 속 예시
  - 스마트폰의 음성 비서
  - 온라인 쇼핑몰의 챗봇 상담원
  - 자동 번역 서비스

주요 생성형 AI 모델 소개

현재 가장 주목받는 생성형 AI 모델들을 표로 소개합니다.

모델명	개발사	특징	활용 예
ChatGPT	OpenAI	다양한 주제에 대한 자연스러운 대화 가능, 코딩, 창작, 분석 등 다양한 작업 수행	일상적인 질문 답변, 글쓰기 보조, 프로그래밍 도움
Claude	Anthropic	윤리적 고려 사항을 반영한 설계, 긴 문맥 이해 능력이 뛰어남	복잡한 문서 분석, 윤리적 판단이 필요한 상황에서의 조언
Gemini	Google	텍스트, 이미지, 음성 등 다중 모달 처리 가능, 최신 정보 반영 능력	이미지 기반 질문 답변, 최신 트렌드 분석

[참고] AI 검색엔진 (퍼플렉시티, 서치GPT 등)

□ **특징**

　○ 실시간 웹 검색과 AI를 결합한 지능형 검색 엔진

　○ 최신 정보를 포함한 정확한 답변 제공

　○ 답변의 출처를 함께 제시하여 신뢰성 확보

□ **활용 예**

　○ 최신 뉴스나 사건에 대한 요약 정보 얻기

　○ 학술 연구를 위한 관련 논문 및 자료 검색

　○ 복잡한 질문에 대한 종합적인 답변 얻기

생성형 AI의 작동 원리 쉽게 알아보기

생성형 AI의 작동 원리를 간단히 설명하면 다음과 같습니다.

학습 단계

- 방대한 양의 텍스트 데이터로 사전 학습
- 언어의 패턴, 문맥, 의미 관계 등을 이해

입력 처리

- 사용자의 질문이나 요청을 입력으로 받음
- 입력된 텍스트를 분석하여 의도 파악

응답 생성

- 학습된 정보를 바탕으로 적절한 응답 생성
- 문맥에 맞는 다음 단어나 문장을 예측하여 구성

출력 및 피드백

- 생성된 응답을 사용자에게 제공
- 사용자의 반응을 통해 지속적으로 학습 및 개선
- 비유로 이해하기: 생성형 AI는 마치 거대한 퍼즐을 맞추는 것과 같습니다. 수많은 조각(데이터)을 가지고 있으며, 사용자의 요청에 따라 가장 적절한 조각들을 빠르게 조합하여 새로운 그림(응답)을 만들어냅니다.

이러한 기본적인 이해를 바탕으로, 다음 섹션에서는 실제로 AI와 어떻게 대화를 시작하고 활용할 수 있는지 알아보겠습니다.

AI와의 첫 대화 시작하기

AI 플랫폼 접속 방법

AI 플랫폼에 접속하는 방법은 간단하지만, 몇 가지 주의할 점이 있습니다.

- □ **주요 AI 플랫폼 접속 방법**
  - ○ ChatGPT: OpenAI 웹사이트 (chat.openai.com) 방문 후 계정 생성
  - ○ Claude: Anthropic 웹사이트 (claude.ai) 접속 및 회원가입
  - ○ Gemini: Google 웹사이트(gemini.google.com) 접속
- □ **주의 사항**
  - ○ 대부분의 플랫폼은 무료 버전과 유료 버전을 제공
  - ○ 일부 지역에서는 서비스 이용이 제한될 수 있음
  - ○ 공식 웹사이트나 앱을 통해서만 접속할 것

효과적인 프롬프트 작성법

프롬프트는 AI에게 주는 지시나 질문으로, 이를 잘 작성하면 더 정확하고 유용한 응답을 얻을 수 있습니다.

☐ **기본 원칙**

1. 명확성: 구체적이고 명확한 지시를 제공

2. 상세함: 필요한 정보를 충분히 제공

3. 맥락 제공: 배경 정보나 원하는 결과물의 형식 설명

4. 단계별 접근: 복잡한 작업은 여러 단계로 나누어 요청

☐ **프롬프트 구조 예시**

1. 작업 설명: 원하는 작업의 목적과 내용을 간단히 설명합니다.

2. 구체적인 요구사항: 필요한 구체적인 요구사항을 명시합니다.

3. 추가정보 또는 제약 조건: 작업에 필요한 추가 정보나 제약 조건을 포함합니다.

4. 원하는 형식이나 길이: 결과물의 형식이나 길이를 지정합니다.

☐ **활용 예시**

2024년 글로벌 경제 전망에 대한 500단어 분량의 보고서를 작성해 줘. 주요 경제 지표, 지정학적 요인, 산업별 전망을 포함해. 데이터는 신뢰할 수 있는 최신 출처를 사용하고, 전문가적인 톤으로 작성해 줘.

AI 응답 해석과 활용하기

AI의 응답을 효과적으로 해석하고 활용하는 것은 중요한 기술입니다.

- □ **응답 해석 시 주의점**
  - ○ 맥락 고려: 전체 응답을 읽고 종합적으로 이해
  - ○ 정확성 검증: 중요한 정보는 다른 출처와 교차 확인
  - ○ 한계 인식: AI도 실수할 수 있음을 명심
- □ **응답 활용 팁**
  - ○ 브레인스토밍 도구로 활용: AI 응답을 출발점으로 아이디어 확장
  - ○ 초안 작성에 사용: AI 응답을 기반으로 자신의 생각을 발전
  - ○ 다각도 분석: 같은 주제에 대해 다양한 관점의 응답 요청
  - ○ 지속적 대화: 후속 질문을 통해 더 깊이 있는 정보 획득
- □ **실용적 활용 예시**
  - ○ 학습 보조: 복잡한 개념 설명 요청 및 연습 문제 생성
  - ○ 글쓰기 지원: 개요 작성, 문장 구조 개선, 교정
  - ○ 정보 요약: 긴 문서나 복잡한 주제의 핵심 포인트 추출

AI와의 효과적인 상호작용은 연습을 통해 향상됩니다. 다양한 프롬프트를 시도하고, 응답을 비판적으로 분석하며, 지속적으로 학습하는 자세가 중요합니다.

일상생활 속 AI 활용하기

정보 검색과 요약의 새로운 방법

AI는 정보 검색과 요약을 더욱 효율적으로 만들어줍니다.

- **AI 기반 검색의 장점**
  - 자연어 질문에 대한 직접적인 답변 제공
  - 여러 출처의 정보를 종합하여 요약
  - 복잡한 주제에 대한 쉬운 설명 가능
- **활용 방법**
  - 뉴스 요약: 최근 1주일간의 주요 국제 뉴스를 5개 항목으로 요약해 줘.
  - 개념 설명: 양자컴퓨팅의 기본 원리를 초보자도 이해할 수 있게 설명해 줘.
  - 제품 비교: 최신 스마트폰 모델 3개의 주요 특징을 비교표로 만들어줘.

개인 일정 관리의 AI 도우미

AI는 개인의 일정을 효율적으로 관리하는 데 도움을 줄 수 있습니다.

- ▢ **AI 일정 관리 기능**
  - ○ 우선순위 설정 및 시간 배분 조언
  - ○ 반복적인 일정 자동 생성
  - ○ 일정 충돌 감지 및 조정 제안
- ▢ **활용 예시**

  다음 주 나의 일정을 바탕으로 효율적인 To-Do 리스트를 만들어줘. 월요일: 오전 9시 회의, 오후 2시 프레젠테이션, 화요일: 종일 워크숍, 수요일: 오전 11시 고객 미팅, 오후 자유 시간, 목요일: 보고서 작성 마감일, 금요일: 오전 팀 빌딩 활동, 오후 4시 주간 리뷰.

AI로 만드는 맞춤형 식단과 레시피

AI는 개인의 건강 상태, 선호도, 식이 제한 등을 고려한 맞춤형 식단과 레시피를 제안할 수 있습니다.

- ▢ **AI 식단 계획의 이점**
  - ○ 영양 균형 최적화

○ 다양한 요리법 제안

○ 식재료 낭비 최소화

□ **활용 예시**

프롬프트: 나는 30대 남성, 채식주의자이며 유당불내증이 있어.
일주일 치 아침 식단을 계획해 줘. 각 식단의 대략적인 칼로리와
주요 영양소도 포함해 줘.

여행 계획을 위한 AI 컨설턴트

AI는 개인화된 여행 계획을 수립하는 데 유용한 도구가 될 수 있
습니다.

□ **AI 여행 계획 지원 기능**

○ 목적지 추천 및 최적 경로 설계

○ 현지 문화 및 관광 정보 제공

○ 예산에 맞는 숙박 및 식당 추천

□ **활용 예시**

다음 달 3박 4일 제주도 여행을 계획 중이야. 예산은 50만 원이
고, 자연 경관 위주로 보고 싶어. 맛집 탐방도 하고 싶고, 렌터카
는 이용하지 않을 예정이야. 일정표를 만들어주고, 각 장소마다
간단한 설명도 추가해 줘.

□ **주의 사항**

- ○ AI 제안은 참고용으로만 활용하고, 최신 정보는 별도로 확인
- ○ 개인정보 보호를 위해 민감한 정보는 입력하지 않도록 주의
- ○ 현지 상황이나 갑작스러운 변경사항에 대비한 유연성 유지

AI를 일상생활에 활용함으로써 시간을 절약하고 더 나은 결정을 내릴 수 있습니다. 그러나 AI는 보조 도구일 뿐, 최종 판단은 항상 사용자의 몫임을 기억해야 합니다.

학습과 연구의 AI 파트너

복잡한 주제도 쉽게 - AI 튜터 활용법

AI 튜터는 개인화된 학습 경험을 제공하여 복잡한 주제를 이해하기 쉽게 만듭니다.

- ☐ **AI 튜터의 장점**
  - ○ 언제든지 이용 가능한 개인 교사
  - ○ 학습자의 페이스에 맞춘 설명
  - ○ 다양한 예시와 유추를 통한 이해 촉진
- ☐ **활용 방법**
  - ○ 단계별 설명 요청: 양자역학의 기본 원리를 5단계로 나누어 설명해 줘.
  - ○ 실생활 연관 예시 요청: 상대성이론을 일상생활의 예로 설명해 줘.
  - ○ 이해도 점검: 방금 설명한 내용에 대해 5개의 퀴즈를 만들어줘.

AI로 만드는 나만의 학습 자료

AI를 활용하여 개인화된 학습 자료를 효율적으로 만들 수 있습니다.

- ☐ **AI 활용 학습 자료 제작**
  - ○ 요약 노트 생성
  - ○ 플래시카드 제작
  - ○ 마인드맵 구성
- ☐ **활용 예시**

  세계사 산업혁명 단원의 주요 개념을 정리한 마인드맵을 만들어 줘. 주요 사건, 인물, 영향을 포함해.

연구 아이디어 발굴을 위한 AI 브레인스토밍

AI는 새로운 연구 아이디어를 발굴하고 발전시키는 데 도움을 줍니다.

- ☐ **AI 브레인스토밍 방법**
  - ○ 학제 간 연계 탐색
  - ○ 최신 트렌드 분석
  - ○ 가설 생성 및 검증 방법 제안

□ 활용 예시

인공지능과 환경 보호의 접점에서 가능한 연구 주제 5개를 제
안해 줘. 각 주제에 대한 간단한 연구 질문도 포함해.

문헌 연구의 효율을 높이는 AI 기술

AI는 방대한 양의 학술 자료를 효율적으로 처리하고 분석하는
데 활용될 수 있습니다.

□ **AI 활용 문헌 연구 기법**
  ○ 관련 논문 빠른 검색 및 요약
  ○ 핵심 아이디어 추출
  ○ 연구 동향 분석

□ **활용 예시**

최근 5년간 발표된 기후변화 관련 논문 중 가장 영향력 있는 5편
을 선정하고, 각 논문의 주요 발견과 방법론을 요약해 줘.

□ **주의 사항**
  ○ AI 제공 정보의 정확성 항상 확인
  ○ 저작권 및 인용 규칙 준수
  ○ AI를 보조 도구로 활용하고 비판적 사고 유지

AI는 학습과 연구 과정을 효율적으로 만들어주지만, 창의적 사

고와 비판적 분석은 여전히 인간의 몫입니다. AI를 통해 얻은 정보와 아이디어를 바탕으로 더 깊이 있는 탐구를 진행하는 것이 중요합니다.

직장인을 위한 AI 업무 지원

AI로 작성하는 전문적인 이메일과 보고서

AI는 효과적이고 전문적인 비즈니스 문서 작성을 지원합니다.

- **이메일 작성 지원**
  - 상황별 적절한 어조와 표현 제안
  - 문법 및 맞춤법 오류 수정
  - 간결하고 명확한 메시지 구성
- **보고서 작성 지원**
  - 구조화된 개요 생성
  - 데이터 시각화 제안
  - 전문 용어 및 업계 표준 적용
- **활용 예시**

  최근 분기 실적을 요약하는 경영진 대상 보고서 개요를 작성해 줘. 주요 성과, 도전 과제, 향후 전략을 포함해.

프레젠테이션 준비의 AI 어시스턴트

AI는 효과적인 프레젠테이션 자료 준비를 돕습니다.

□ **AI 지원 기능**
  ○ 주제에 맞는 슬라이드 구조 제안
  ○ 핵심 메시지 도출 및 정리
  ○ 시각적 요소 아이디어 제공
□ **활용 예시**
  신제품 출시를 위한 10분 분량 프레젠테이션 개요를 만들어줘.
  제품 특징, 시장 분석, 마케팅 전략을 포함하고, 각 슬라이드별 주
  요 내용을 제안해 줘.

데이터 분석의 새로운 지평

AI는 복잡한 데이터 분석 작업을 지원하여 인사이트 도출을 돕
습니다.

□ **AI 데이터 분석 지원**
  ○ 대량 데이터의 패턴 및 트렌드 식별
  ○ 예측 모델 구축 지원
  ○ 데이터 시각화 방법 제안

□ **활용 예시**

지난 1년간의 월별 매출 데이터를 분석해서 주요 트렌드와 계절성을 파악해 줘. 또한, 이를 바탕으로 다음 분기 매출을 예측하고, 그 근거를 설명해 줘.

프로젝트 관리의 AI 파트너

AI는 효율적인 프로젝트 관리를 위한 다양한 지원을 제공합니다.

□ **AI 프로젝트 관리 기능**
　○ 작업 분해 및 일정 계획 수립
　○ 리스크 분석 및 대응 전략 제안
　○ 팀 구성 및 자원 할당 최적화

□ **활용 예시**

6개월 동안 진행될 신규 웹사이트 개발 프로젝트의 주요 단계별 계획을 세워줘. 단계별 주요 작업, 예상 소요 시간, 필요 자원을 포함해 줘.

□ **주의 사항**
　○ AI 제안은 참고용으로 활용하고 실제 상황에 맞게 조정
　○ 팀원들의 의견과 전문성을 항상 고려
　○ 민감한 프로젝트 정보 입력 시 보안에 유의

AI는 직장에서의 다양한 업무를 지원하여 생산성을 높이고 더 나은 결과물을 만드는 데 도움을 줍니다. 그러나 AI는 도구일 뿐, 최종 판단과 책임은 항상 사용자에게 있음을 명심해야 합니다. AI의 제안을 비판적으로 검토하고, 필요에 따라 조정하여 사용하는 것이 중요합니다.

창의적 작업에서의 AI 활용

작가의 동반자 - AI 스토리텔링 도구

AI는 작가의 창작 과정을 지원하는 강력한 도구가 될 수 있습니다.

- □ AI 스토리텔링 지원 기능
  - ○ 플롯 구조 및 아웃라인 제안
  - ○ 캐릭터 프로필 및 배경 설정 지원
  - ○ 대화문 생성 및 문체 실험
- □ 활용 예시
  근미래 디스토피아를 배경으로 한 SF 소설의 주요 등장인물 3명의 프로필을 만들어줘. 각 인물의 배경, 성격, 목표, 내적 갈등을 포함해.

마케팅 아이디어의 샘 - AI 카피라이팅

AI는 다양한 마케팅 콘텐츠 제작을 지원하여 창의적인 캠페인 개발에 도움을 줍니다.

□ **AI 카피라이팅 활용 분야**

    ○ 광고 문구 및 슬로건 생성

    ○ 소셜 미디어 포스트 작성

    ○ 이메일 마케팅 콘텐츠 제작

□ **활용 예시**

환경친화적인 새 샴푸 브랜드를 위한 카피라이팅 아이디어를 5개 제안해 줘. 각 아이디어는 브랜드의 친환경성을 강조하면서 감성적 호소력도 갖추어야 해.

제품 개발을 위한 AI 아이디어 뱅크

AI는 혁신적인 제품 아이디어 발굴과 개발 과정을 지원합니다.

□ **AI 제품 개발 지원 기능**

    ○ 시장 트렌드 분석 및 아이디어 제안

    ○ 기존 제품의 개선점 도출

    ○ 사용자 니즈 예측 및 분석

□ **활용 예시**

스마트홈 기기 시장의 최신 트렌드를 분석하고, 현재 시장에 없는 혁신적인 스마트홈 제품 아이디어를 3가지 제안해 줘. 각 제품의 주요 기능과 타깃 사용자층도 설명해.

예술 창작의 새로운 영감

AI는 다양한 예술 분야에서 새로운 영감과 기술적 지원을 제공합니다.

□ **AI 예술 창작 지원 영역**
  ○ 시각 예술: 이미지 생성 및 스타일 변환
  ○ 음악: 작곡 지원 및 편곡 아이디어 제공
  ○ 문학: 시 창작 및 실험적 문체 개발

□ **활용 예시**

  현대 도시의 고독을 주제로 한 실험적인 시를 써줘. 자유시 형식으로, 도시의 소음과 개인의 내면을 대조적으로 표현해.

□ **주의 사항**
  ○ AI는 영감과 아이디어의 원천으로 활용하고, 최종 창작물은 인간의 감성과 판단으로 완성
  ○ 저작권 및 윤리적 문제에 유의하여 AI 생성 콘텐츠 사용
  ○ AI의 제안을 비판적으로 평가하고 자신만의 창의성을 더해 발전시키는 것이 중요

AI는 창의적 작업에서 새로운 가능성을 열어주는 도구이지만, 진정한 예술성과 독창성은 여전히 인간 창작자의 영역입니다. AI를 통해 얻은 아이디어와 영감을 자신만의 관점과 경험으로 재해석하고 발전시켜 독특한 창작물을 만들어내는 것이 중요합니다.

AI와 함께하는 언어의 세계

언어 장벽을 허무는 AI 번역 도구

AI 번역 도구는 글로벌 커뮤니케이션을 획기적으로 개선하고 있습니다.

- AI 번역의 장점
  - 실시간 번역 제공
  - 맥락을 고려한 자연스러운 번역
  - 전문 용어 및 관용구 처리 능력
- 활용 분야
  - 비즈니스 문서 번역
  - 여행 시 의사소통 지원
  - 다국어 웹사이트 운영
- 활용 예시

  다음 한국어 비즈니스 이메일을 영어로 번역해 줘. 공손하고 전문적인 톤을 유지하면서, 문화적 차이를 고려해 적절히 의역해 줘.

언제나 준비된 외국어 학습 튜터

AI는 개인화된 외국어 학습 경험을 제공하는 효과적인 학습 파트너입니다.

- □ **AI 외국어 학습 지원 기능**
  - ○ 맞춤형 학습 계획 수립
  - ○ 대화 연습 파트너 역할
  - ○ 실시간 발음 및 문법 교정
- □ **활용 예시**

  나는 중급 수준의 영어 학습자야. TOEIC 시험 준비를 위한 2주 학습 계획을 세워줘. 듣기, 읽기 영역별 학습 전략과 매일의 학습 목표를 포함해.

문화적 이해를 돕는 AI 가이드

AI는 언어 학습을 넘어 다양한 문화에 대한 이해를 돕는 가이드 역할을 합니다.

- □ **AI 문화 가이드 기능**
  - ○ 국가별 문화 규범 및 에티켓 설명
  - ○ 역사적 맥락 제공

○ 현지 관습 및 금기사항 안내

□ **활용 예시**

스페인 비즈니스 파트너와의 첫 만남에서 주의해야 할 에티켓을 5가지 알려줘. 각 에티켓에 대한 문화적 배경도 간단히 설명해 줘.

□ **주의 사항**

○ AI 번역은 100% 정확하지 않을 수 있으므로, 중요한 문서는 전문가 검토 필요

○ 문화적 조언은 일반화의 위험이 있으므로, 개인차와 상황의 다양성 고려

○ 언어 학습에서 AI는 보조 도구일 뿐, 실제 의사소통 경험의 중요성 인식

AI는 언어 학습과 다문화 이해를 위한 강력한 도구이지만, 실제 인간 간의 교류와 경험을 대체할 수는 없습니다. AI를 통해 기본적인 지식과 기술을 습득하고, 이를 바탕으로 실제 상황에서의 적용과 학습을 통해 진정한 언어 및 문화적 능력을 키우는 것이 중요합니다.

AI 활용 시 주의할 점

정보의 진실성 - AI의 한계 이해하기

AI가 제공하는 정보는 항상 검증이 필요합니다.

- ☐ AI 정보의 한계
  - ○ 학습 데이터의 편향성 존재
  - ○ 최신 정보 반영의 한계
  - ○ 맥락 이해의 부족으로 인한 오류 가능성
- ☐ 대응 방안
  - ○ 중요한 정보는 항상 다른 신뢰할 수 있는 출처와 교차 검증
  - ○ AI 응답을 비판적으로 평가하고 의심스러운 부분 재확인
  - ○ AI의 한계를 인지하고 전문가의 조언을 적절히 활용

개인정보 보호와 AI 사용

AI 사용 시 개인정보 보호에 각별한 주의가 필요합니다.

- □ **주요 고려 사항**
  - ○ 민감한 개인정보 입력 자제
  - ○ AI 서비스 제공업체의 개인정보 처리 방침 확인
  - ○ 기업 기밀 정보 노출에 주의
- □ **보호 전략**
  - ○ 가능한 한 익명화된 정보 사용
  - ○ 필요 이상의 상세 정보 제공 피하기
  - ○ 보안이 강화된 AI 플랫폼 선택

AI 의존도 관리하기

과도한 AI 의존은 창의성과 비판적 사고 능력을 저해할 수 있습니다.

- □ **균형 잡힌 AI 활용**
  - ○ AI를 최종 결정자가 아닌 조언자로 인식
  - ○ 인간의 직관과 경험의 가치 인정
  - ○ AI 사용과 독립적 사고의 적절한 균형 유지
- □ **자기 주도적 AI 활용**
  - ○ AI 제안을 비판적으로 평가하고 필요시 수정
  - ○ AI를 통해 얻은 정보를 자신의 지식과 통합
  - ○ 지속적인 학습과 기술 향상으로 AI 의존도 조절

AI 사용의 윤리와 저작권 이슈

AI 사용에는 윤리적, 법적 고려 사항이 수반됩니다.

□ **윤리적 고려 사항**
- AI 생성 콘텐츠의 투명한 공개
- 편견과 차별 요소 주의 깊게 검토
- AI 의사결정의 공정성과 책임성 확보

□ **저작권 관련 주의점**
- AI 생성 콘텐츠의 저작권 관련 법규 이해
- 타인의 저작물을 AI 학습에 무단 사용 금지
- AI 활용 사실을 적절히 명시하여 투명성 확보

AI의 현재와 미래

현재 AI 기술의 한계 인식하기

AI의 현재 한계를 이해하는 것은 효과적인 활용의 핵심입니다.

□ 현재 AI의 주요 한계
- ○ 맥락 이해와 일관성 유지의 어려움
- ○ 창의적이고 감성적인 판단 능력 부족
- ○ 윤리적 결정 및 도덕적 추론의 한계
- ○ 학습 데이터에 따른 편향성 존재

AI 기술의 미래 - 우리 삶은 어떻게 변할까?

AI 기술의 발전은 우리 삶에 큰 변화를 불러올 것입니다.

□ 예상되는 변화
- ○ 개인화된 AI 비서의 일상화
- ○ 의료, 교육 등 전문 분야에서의 AI 활용 증가

○ 자동화로 인한 노동 시장의 구조적 변화

○ 새로운 형태의 인간-AI 협업 모델 등장

인간과 AI의 조화로운 공존을 위한 제언

AI 시대에 조화로운 공존을 위해서는 신중한 접근이 필요합니다.

□ **주요 제언**

○ AI 리터러시 교육 강화

○ 인간 고유의 창의성과 감성 능력 개발

○ AI 윤리 가이드라인 수립 및 준수

○ 기술 발전과 인간 가치의 균형 유지

○ 지속적인 사회적 대화와 합의 도출

AI 기술은 우리에게 큰 기회와 도전을 동시에 제공합니다. 그 잠재력을 최대한 활용하면서도 인간 중심적 가치를 지켜나가는 것이 중요합니다. AI를 우리 삶의 보조 도구로 현명하게 활용하며, 인간 고유의 능력을 계속 발전시켜야 할 것입니다.

별책부록

AI 작가 수업 23강

AI 작가의 탄생

: ChatGPT가 열어가는 글쓰기의 새로운 패러다임

처음 AI 언어 모델을 만났을 때, 저는 깜짝 놀랐어요. "이봐, AI야. 로맨스 소설의 첫 장면을 써줘"라고 요청했더니, 놀랍도록 그럴듯한 장면이 만들어졌거든요. 처음에는 AI의 능력에 놀라워 잠시 당황했습니다. 하지만 곧 AI가 작가를 대체하는 것이 아니라, 오히려 우리의 창작 과정을 보완하고 확장할 수 있는 강력한 도구라는 것을 깨달았습니다.

AI 작가의 능력

AI 언어 모델들을 사용하면서, 저는 이들이 가진 놀라운 능력들을 발견했어요.

1. **광범위한 지식:** AI는 다양한 주제에 대해 폭넓은 지식을 갖고 있어, 어떤 장르의 글이든 시작점을 제공할 수 있었어요.
2. **구조화된 글쓰기:** AI는 논리적이고 구조화된 글을 작성하는 데 탁월했습니다. 개요 작성이나 논증 구조를 잡는 데 큰 도움

이 되었죠.

3. **언어의 유연성**: AI는 다양한 문체와 톤으로 글을 쓸 수 있어, 상황에 맞는 적절한 표현을 찾는 데 유용했어요.

AI, 창의성의 증폭기가 되다

AI를 사용하면 할수록, 저는 AI가 우리의 경쟁자가 아니라 강력한 협력자라는 것을 깨달았습니다.

1. **아이디어의 샘**: AI는 마치 끝없는 아이디어의 샘 같았어요. 막힐 때마다 AI에게 새로운 전개를 제안해달라고 요청했고, 그 제안들이 새로운 영감이 되었죠.
2. **사실 확인의 달인**: AI는 사실 확인에 탁월했어요. 역사적 배경, 과학적 사실 등을 빠르게 확인하고 제안해 주었죠.
3. **다양한 시각 제공**: AI는 제가 미처 생각하지 못한 다양한 관점을 제시해 주었어요. 이는 제 이야기에 깊이를 더해주었죠.

새로운 글쓰기의 시대, 어떻게 준비할 것인가

AI 시대의 글쓰기, 우리는 어떻게 준비해야 할까요?

1. **AI를 도구로 활용하기**: AI는 우리의 창의성을 대체하는 것이 아니라, 증폭시키는 도구입니다. AI의 제안을 바탕으로 여러분 만의 독특한 시각을 더해보세요.

2. **프롬프트 엔지니어링 익히기**: AI에게 어떻게 질문하고 요청하느냐에 따라 결과물이 크게 달라집니다. 효과적인 프롬프트 작성법을 익히는 것이 중요해요.

3. **인간만의 강점 살리기**: 감동, 공감, 삶의 경험 등 인간만이 줄 수 있는 요소들에 집중하세요. 이것이 AI 시대에 우리가 가질 수 있는 경쟁력입니다.

2강

AI는 어떻게 글을 쓰는가
: 작문 기술의 인지과학적 메커니즘

AI는 정말 '생각'하고 글을 쓰는 걸까?

이 질문에 답하기 위해, 제가 직접 경험한 AI와의 대화를 소개해 드릴게요.

1. 언어 모델의 마법

어느 날, AI에게 이렇게 물었어요. "우리나라의 가을을 표현해 줘."

> **AI** 단풍잎 물든 산자락, 서늘한 바람에 살랑이는 억새…

순간 놀랐죠. '어떻게 이렇게 시적인 표현을 잘 구사하지?' 그 비밀은 바로 '언어 모델'에 있었어요.

2. 패턴 인식의 천재, AI

AI는 수많은 텍스트 데이터를 학습하며 언어의 패턴을 인식해요. 마치 우리가 어릴 때부터 책을 읽고 대화를 나누며 언어를 배우는 것처럼요. "그러니까 넌 단순히 패턴을 따라 하는 거야?"라고 이어서 물어봤어요.

> **AI** 패턴을 인식하고 새롭게 조합하는 거죠. 마치 퍼즐 조각을 새로운 방식으로 맞추는 것과 비슷해요.

AI의 '두뇌' 들여다보기

AI의 작문 과정을 좀 더 자세히 들여다볼까요?

1. 토큰화와 임베딩

AI는 먼저 문장을 작은 단위(토큰)로 나누고, 각 단어나 구를 숫자로 변환해요(임베딩). "사과는 빨갛다"라는 문장을 AI에게 입력했어요.

> **AI** 이 문장을 [사과] [는] [빨갛다]로 나누고, 각각의 의미를 숫자로 표현해요.

마치 언어를 AI가 이해할 수 있는 '숫자 언어'로 번역하는 거죠.

2. 문맥 이해와 예측

AI는 앞뒤 문맥을 고려하여 다음에 올 단어를 예측해요. "옛날 옛적에..."라고 적어보았어요.

> **AI** … 왕이 살고 있었습니다. 이 패턴은 많은 동화에서 볼 수 있죠.
> AI는 수많은 이야기의 패턴을 학습했기에, 자연스럽게 다음 내용을 예측할 수 있어요.

인간의 인지 과정과 AI: 닮은 듯 다른

AI의 글쓰기 과정은 놀랍게도 인간의 인지 과정과 유사한 면이 있어요.

1. 연상 작용의 유사성

우리가 '바다'라는 단어를 들으면 '파도', '모래', '조개' 등을 떠올

리듯, AI도 비슷한 연상 작용을 해요. "'바다'하면 뭐가 떠올라?"하고
물었어요.

> **AI** 파란 물결, 하얀 포말, 갈매기 울음소리, 소금 향기

하지만 AI의 연상은 데이터에 기반한 것이고, 우리의 연상은 개
인적 경험에 더 많이 기반한다는 차이가 있죠.

2. 창의성의 차이

인간의 창의성은 종종 규칙을 깨는 데서 나오지만, AI의 '창의성'
은 학습한 패턴의 새로운 조합에 가까워요. "전혀 새로운 이야기를
만들어봐"라고 요청하면, AI는 학습한 요소들을 새롭게 조합하지만,
완전히 '새로운' 것을 만들어내긴 어려워요.

AI 작문 기술의 미래: 우리가 나아갈 방향

1. 더 깊은 이해를 향해

현재 AI는 표면적인 언어 패턴을 학습하지만, 앞으로는 더 깊은
의미 이해가 가능해질 거예요.

> **프롬프트** 은유나 반어법 같은 고급 수사법도 이해할 수 있게 될까?
> **AI** 그 방향으로 발전하고 있어요. 하지만 인간의 복잡한 감정과 문화적 맥락

을 완벽히 이해하기까진 시간이 더 필요할 것 같아요.

2. AI와 인간의 시너지

AI의 방대한 지식과 패턴 인식 능력, 인간의 창의성과 감성이 만나면 어떤 글이 탄생할까요?

> **프롬프트** 우리가 함께 쓴 글은 어떤 특별한 점이 있을까?
>
> **AI** 인간의 독창적 아이디어와 AI의 데이터 기반 제안이 만나 더욱 풍성하고 다채로운 글이 탄생할 수 있을 거예요.

AI 글쓰기와 창의성
: 기계 학습을 통한 인간의 상상력 향상

AI가 창의성을 죽인다고요? 천만에요!

처음 AI 글쓰기 도구를 사용했을 때, 주변에서 이런 우려의 목소리를 들었어요. "AI에 의존하면 너의 창의성이 사라지는 거 아니야?" 그런데 실제로 경험해 보니, 정반대였어요!

1. 상상력의 스파크, AI

어느 날, 글이 너무 안 써져 힘들 때 AI에게 도움을 요청했어요.

프롬프트 전혀 새로운 판타지 세계관을 제안해 줘.

AI 중력이 존재하지 않는 행성, 그곳에서 사람들은 생각으로 물체를 움직이고….

이 아이디어를 듣는 순간, 제 머릿속에서 불꽃이 튀었어요. AI의 제안이 제 상상력을 자극한 거죠.

2. 창의성의 증폭기, AI

AI는 제가 미처 생각하지 못한 연결고리를 만들어줬어요.

프롬프트 사랑과 양자역학을 연결해 볼까?

AI 양자얽힘처럼 서로 떨어져 있어도 연결된 두 사람의 이야기는 어떨까요?

이런 독특한 연결이 제 창작물에 새로운 차원을 더해주었어요.

AI와 함께하는 창의성 향상 여정

AI를 활용해 창의성을 키우는 구체적인 방법들을 소개해 드릴게요.

1. 아이디어 확장의 마법

하나의 아이디어로 시작해 AI와 함께 확장해 나가는 과정은 정말 재미있어요. "우산을 든 소녀"라는 단순한 이미지로 시작했어요.

AI 그 우산이 실은 다른 차원으로 가는 포털이라면?

프롬프트 오, 그럼 소녀가 우산을 펼칠 때마다 새로운 세계로 여행을 떠나는 거야!

AI 세계마다 다른 물리 법칙이 적용된다면 어떨까요?

이렇게 AI와의 대화를 통해 단순한 아이디어가 풍성한 이야기로 발전했어요.

2. 제약을 통한 창의성 자극

때로는 AI에게 특정한 제약 조건을 주고 아이디어를 요청하면 더 흥미로운 결과가 나와요.

프롬프트 5개의 단어만 사용해서 반전이 있는 초단편 소설을 써줘.

AI 판매됨. 아기 신발. 미사용. 가슴 아파.

이런 제약에서 나온 AI의 제안이 제 창작에 새로운 영감을 주었어요.

3. 장르 간 크로스오버

AI는 서로 다른 장르나 개념을 결합하는 데 탁월해요.

> **프롬프트** SF와 로맨스를 섞은 이야기 아이디어를 줘.
>
> **AI** 화성 테라포밍 프로젝트에 참여한 두 과학자의 사랑 이야기. 산소 수치가 올라갈수록 깊어지는 감정….

이런 식의 장르 혼합이 제 작품에 신선함을 더해주었어요.

창의성의 새로운 지평

AI와 함께 글을 쓰면서, 창의성에 대한 제 관점도 변화했어요.

1. **집단 지성의 힘**: AI는 수많은 데이터를 학습했기 때문에, 어쩌면 인류 집단 지성의 결정체라고 볼 수 있어요. 이 집단 지성과 대화하며 아이디어를 발전시키는 과정은 마치 수천 명의 작가와 동시에 브레인스토밍하는 것과 같았어요.

2. **의외성의 매력**: AI는 때로 정말 뜻밖의 제안을 해요. 처음에는 이상하게 들리지만, 그 의외성이 새로운 창의적 돌파구가 되곤 해요. "시한부 인생을 선고받은 로봇의 이야기?"라는 AI의 제안이 제 베스트셀러 SF 소설의 시작이 되었답니다.

3. **창의성의 재정의**: AI와의 협업을 통해, 창의성이란 '완전히 새로운 것을 만들어내는 것'이 아니라 '기존의 요소들을 새롭게 조합하고 해석하는 것'임을 깨달았어요. 이제 저는 AI를 제 창의성을 위협하는 존재가 아니라, 끝없는 영감의 원천으로 여기게 되었죠.

여러분의 창의성을 깨우는 AI 활용법

1. AI를 대화 상대로 여기세요

AI에게 단순히 답을 요구하지 말고, 대화를 나누듯 아이디어를 주고받아보세요.

> 프롬프트 이 아이디어에 대해 어떻게 생각해? 어떻게 발전시킬 수 있을까?

2. AI의 제안을 출발점으로 삼으세요

AI의 아이디어를 그대로 사용하지 말고, 그것을 바탕으로 여러분만의 독특한 해석을 더해보세요.

> 프롬프트 이 설정에 반전을 준다면 어떨까? 주인공의 성격을 정반대로 바꿔보면 어떨까?

3. 실험을 두려워하지 마세요

AI와 함께 정말 터무니없는 아이디어도 시도해 보세요. 그 과정에서 예상치 못한 창의적 돌파구를 찾을 수 있을 거예요.

> 프롬프트 공룡과 스마트폰을 결합한 SF 코미디? 해보자!

초보자부터 저자까지
: 30일간의 AI 지원 책 쓰기 계획

30일? 불가능해 보이는데요?

처음 이 아이디어를 주변에 말했을 때, 다들 미심쩍어했어요. 하지만 AI의 도움을 받아 실제로 해냈답니다! 어떻게 했는지 함께 살펴볼까요?

1-5일 차: 아이디어 구체화와 개요 잡기

1. 브레인스토밍의 동반자, AI

첫날, AI에게 이렇게 물었어요. "로맨스와 미스터리를 섞은 독특한 플롯 아이디어 5개를 제안해 줘."

> **AI** 1. 연쇄 살인범을 쫓는 형사와 용의자의 쌍둥이 자매와의 로맨스.

AI의 제안을 바탕으로 제 아이디어를 발전시켰죠.

2. 체계적인 개요 작성

AI에게 개요 작성을 도와달라고 요청했어요.

> **프롬프트** 3막 구조로 이 이야기의 개요를 작성해 줘.

AI가 제시한 기본 구조를 바탕으로 제 아이디어를 덧붙여 탄탄한 개요를 완성했습니다.

6-20일 차: 초고 쓰기

1. AI와 함께하는 스프린트 글쓰기

매일 2000단어씩 쓰는 것이 목표였어요. 어려운 부분에서는 AI에게 도움을 요청했죠.

> **프롬프트** 이 장면에서 주인공의 내면 갈등을 어떻게 표현하면 좋을까?

AI의 제안을 참고해 글을 써 내려갔습니다.

2. 장애물 극복하기

작가의 블록에 걸렸을 때, AI가 구세주 역할을 했어요.

> **프롬프트** 이야기가 막혔어. 어떻게 전개하면 좋을까?
> **AI** 주인공의 과거에 숨겨진 비밀을 이 시점에서 드러내 보는 건 어떨까요?

이런 제안들이 이야기에 새로운 활력을 불어넣었죠.

21-25일 차: 수정과 보완

1. AI의 날카로운 피드백

초고를 AI에게 검토해달라고 요청했어요.

> **프롬프트** 이 소설의 약점이 뭐라고 생각해?
> **AI** 중반부의 페이스가 다소 느리고, 부캐릭터의 동기가 명확하지 않아요.

이런 피드백을 바탕으로 수정 작업을 진행했습니다.

2. 일관성 체크

AI가 놀라운 능력을 발휘한 부분이에요.

> **프롬프트** 이 캐릭터의 말투나 행동이 일관성 있게 묘사되었는지 확인해 줘.

AI의 꼼꼼한 체크 덕분에 캐릭터의 일관성을 유지할 수 있었죠.

26-30일 차: 마무리와 최종 점검

1. 문체 다듬기

AI에게 문장 다듬기를 요청했어요.

> **프롬프트** 이 문단을 좀 더 시적으로 표현해줄래?

AI의 제안을 참고해 제 스타일로 다시 써 내려갔습니다.

2. 최종 교정

마지막으로 AI에게 전체적인 교정을 부탁했어요.

> **프롬프트** 맞춤법, 문법, 논리적 오류를 모두 표시해 줘.

AI의 꼼꼼한 검토 덕분에 완성도 높은 원고를 만들 수 있었습니다.

30일 챌린지의 성공 비결

1. 규칙적인 루틴 만들기

매일 같은 시간에 글을 쓰는 습관을 들였어요.

> **프롬프트** 오늘의 글쓰기 시간 알림 좀 해줘.

AI가 정해진 시간에 알림을 보내주어 규칙적인 글쓰기가 가능했죠.

2. AI와의 효과적인 협업

AI를 단순한 도구가 아닌 협력자로 대했어요.

> **프롬프트** 이 부분, 네가 독자라면 어떻게 느낄 것 같아?

AI의 '독자 관점'이 책의 완성도를 높이는 데 큰 도움이 되었습니다.

3. 유연성 유지하기

계획은 중요하지만, 때로는 유연하게 대처해야 했어요.

> **프롬프트** 오늘은 컨디션이 안 좋아. 내일 더 열심히 쓰는 걸로 하자.
> **AI** 네, 무리하지 마세요. 내일의 계획을 같이 조정해 볼까요?

여러분을 위한 조언

1. **두려워하지 마세요**: '난 초보자인데, 할 수 있을까?'라고 생각 하시나요? 꼭 소설이 아니어도 괜찮아요. 에세이, 자기계발서 등 어떤 장르든 시도해 보세요. AI가 여러분의 든든한 조력자가 되 어줄 거예요.

2. **AI를 맹신하지 마세요**: AI의 제안은 참고사항일 뿐, 최종 결정 은 여러분의 몫이에요. 여러분만의 독특한 시각과 경험을 책에 녹여내세요.

3. **즐기세요!**: 30일간의 여정을 힘들게만 생각하지 마세요. AI와

함께하는 창작 과정을 하나의 모험으로 여기고 즐겨보세요.

5강

AI 협업의 핵심
: 프롬프트로 열어가는 창의적 글쓰기

프롬프트가 뭐길래 그렇게 중요해요?

처음 AI 글쓰기를 시작했을 때, 저도 이렇게 물었어요. 하지만 곧 프롬프트의 힘을 깨달았죠. 프롬프트는 AI와의 대화를 시작하는 열쇠이자, 여러분의 창작물을 빛나게 할 마법의 주문이에요.

프롬프트의 기본 원칙

1. 구체적이고 명확하게
처음에는 이렇게 물었어요.

> 프롬프트 로맨스 소설 아이디어 줘.

결과는 평범했죠. 그래서 이렇게 바꿨어요.

프롬프트 9세기 영국을 배경으로, 계급 차이를 극복하는 귀족 아가씨와 정원사의 비밀스러운 로맨스 이야기 아이디어를 줘. 반전 요소도 포함해 줘.

놀랍게도 AI는 훨씬 더 풍부하고 독특한 아이디어를 제시했어요!

2. 단계별로 나누기

긴 작업을 한 번에 요청하지 말고, 단계별로 나눠보세요.

"주인공 캐릭터 설정해 줘" 대신에,

1. 주인공의 기본 정보(나이, 직업, 외모)를 만들어줘.
2. 이 주인공의 성격 특성 5가지를 제시해 줘.
3. 주인공의 과거 트라우마를 하나 만들어줘.

이렇게 단계별로 요청하면 더 깊이 있는 캐릭터를 만들 수 있어요.

고급 프롬프트 기법

3. 역할 설정하기

AI에게 특정 역할을 부여하면 더 전문적인 조언을 받을 수 있어요.

프롬프트 너는 베스트셀러 미스터리 작가야. 내 소설의 반전 포인트를 검토하고 개선점을 제안해 줘.

이렇게 하면 AI는 해당 분야의 전문가처럼 대응해 줍니다.

4. 제약 조건 활용하기

때로는 제약을 주는 것이 창의성을 자극해요.

> **프롬프트** 5개의 단어만 사용해서 전쟁과 평화를 주제로 한 초단편 소설을
> 써줘.

이런 도전적인 요청이 예상치 못한 탁월한 결과를 낳기도 합니다.

5. 비교와 대조 활용하기

> **프롬프트** 헤밍웨이 스타일과 제인 오스틴 스타일로 같은 장면을 각각 써줘.
> 그리고 두 스타일의 차이점을 분석해 줘.

이런 프롬프트는 여러분의 문체 이해와 발전에 큰 도움이 될 거
예요.

실전 프롬프트 예시

1. 플롯 개발

> **프롬프트** 내 소설의 주인공은 비밀 요원인 척하는 평범한 회사원이야. 이 설

정을 바탕으로 3가지 가능한 반전을 제안해 줘. 각 반전은 독자들이 전혀 예상하지 못할 만한 것으로 해줘.

2. 세계관 구축

> **프롬프트** 마법과 테크놀로지가 공존하는 세계를 만들고 싶어. 이 세계의 정치 체계, 일상생활, 주요 갈등 요소를 각각 3가지씩 제안해 줘. 현실 세계와의 유사점과 차이점도 설명해 줘.

3. 대화 작성

> **프롬프트** 서로 비밀을 숨기고 있는 연인 사이의 대화를 작성해 줘. 직접적으로 비밀을 언급하지 않으면서도, 독자가 그들의 긴장감을 느낄 수 있도록 해줘. 대화는 10문장 이내로 해줘.

프롬프트 마스터가 되기 위한 팁

1. **실험을 두려워하지 마세요**: 같은 요청이라도 다양한 방식으로 표현해 보세요. 예상치 못한 결과에서 새로운 영감을 얻을 수 있어요.
2. **AI의 한계를 이해하세요**: AI도 완벽하지 않아요. 때로는 엉뚱한 대답을 할 수도 있죠. 그럴 때마다 프롬프트를 조금씩 수정해 가며 원하는 결과를 얻어내세요.
3. **프롬프트 일지를 작성하세요**: 효과적이었던 프롬프트를 기록

해 두세요. 나중에 비슷한 상황에서 다시 활용할 수 있을 거예요.

4. **AI와 대화하듯 접근하세요:** 한 번에 완벽한 결과를 얻기는 힘들어요. AI와 대화하듯 프롬프트를 주고받으며 점진적으로 발전시켜 나가세요.

여러분만의 프롬프트 마법 찾기 ─────────

자, 이제 여러분도 AI 프롬프트의 마법사가 될 준비가 되셨나요? 프롬프트는 단순한 질문이 아니라, 여러분의 창의성을 증폭시키는 강력한 도구예요.

───── 6강 ─────

장르별 AI 글쓰기
: 소설과 논픽션에 맞게 접근 방식 맞춤 설정하기

소설 쓰기: 상상력의 나래를 펴다

1. 캐릭터 만들기

소설의 핵심은 살아 숨 쉬는 듯한 캐릭터죠. AI와 함께 깊이 있는 캐릭터를 만들어봐요.

> **프롬프트** 30대 여성 과학자 캐릭터를 만들어줘. 그녀의 성격, 외모, 주요 트라우마, 그리고 비밀을 포함해서.

AI의 제안을 바탕으로 여러분만의 독특한 캐릭터를 발전시켜 보세요.

2. 플롯 구성하기

AI는 예상치 못한 플롯 전개를 제안해줄 수 있어요.

> **프롬프트** 시간여행 로맨스 소설의 주요 플롯 포인트 5개를 제안해 줘. 포인트마다 예상치 못한 전개를 포함해.

AI의 제안을 시작점으로 삼아 여러분만의 독특한 이야기를 만들어가세요.

3. 세계관 구축하기

특히 판타지나 SF 장르에서 중요한 세계관 구축, AI가 도와줄 수 있어요.

> **프롬프트** 고대 문명과 미래 기능이 공존하는 세계를 만들어줘. 사회구조, 주요 산업, 환경문제를 3가지씩 설명해.

AI의 제안을 기반으로 여러분만의 독특한 세계를 그려나가세요.

4. 대화 작성하기

생동감 있는 대화는 소설을 살아있게 만들죠. AI와 함께 대화를 다듬어봐요.

> **프롬프트** 첫 데이트 중인 내향적인 남자와 외향적인 여자의 어색한 대화를 10문장으로 작성해 줘.

AI가 제안한 대화를 바탕으로 캐릭터의 개성을 살려 다시 써보세요.

논픽션 쓰기: 사실의 바다에서 진주를 캐다

1. 리서치 도우미

논픽션의 핵심은 정확한 정보죠. AI가 리서치를 도와줄 수 있어요.

> **프롬프트** 인공지능의 역사에 대한 주요 사건들을 연대순으로 10개 나열해 줘. 각 사건의 간략한 설명도 포함해.

AI가 제공한 정보를 출발점으로 삼아 더 깊이 있는 리서치를 진행하세요.

2. 구조 잡기

논픽션은 명확한 구조가 중요해요. AI가 구조 잡기를 도와줄 수 있죠.

> **프롬프트** 기후 변화에 대한 책의 목차를 만들어줘. 주요 챕터 5개와 각 챕터의 소제목 3개씩 포함해.

AI가 제안한 구조를 참고로 여러분만의 독특한 관점을 담은 목차를 만들어보세요.

3. 데이터 시각화
복잡한 정보를 쉽게 전달하기 위해 데이터 시각화가 필요할 때가 있죠.

> **프롬프트** 세계 주요 국가의 재생에너지 사용 비율을 비교하는 차트 유형을 제안해 줘. 차트에 포함될 주요 요소들도 설명해 줘.

AI의 제안을 바탕으로 실제 데이터를 수집하고 차트를 만들어보세요.

4. 전문 용어 설명
어려운 개념을 독자가 이해하기 쉽게 설명하는 것도 중요해요.

> **프롬프트** 양자역학의 '중첩' 개념을 10살 아이에게 설명하듯이 쉽게 설명해 줘.

AI의 설명을 참고로 여러분만의 언어로 다시 풀어써 보세요.

장르를 넘나드는 AI 활용 팁

1. AI는 협력자, 대체자가 아니에요

어떤 장르든, AI는 여러분의 창의성을 대체하는 것이 아니라 증폭시키는 도구예요. AI의 제안을 무조건 수용하지 말고, 비판적으로 검토하고 발전시켜 나가세요.

2. 장르의 특성을 AI에게 설명하세요

프롬프트에 장르의 특성을 명확히 언급하세요.

> **프롬프트** 이 로맨스 소설은 19세기를 배경으로 해. 그 시대의 언어와 관습을 반영해 줘.

3. 지속적인 대화를 나누세요

한 번의 프롬프트로 완벽한 결과를 얻기는 힘들어요. AI와 계속 대화하며 결과물을 다듬어나가세요.

4. AI의 한계를 인지하세요

특히 논픽션에서, AI가 제공하는 정보의 정확성을 항상 재확인하세요. AI도 실수할 수 있답니다.

7강

24시간 안에 책 쓰기
: AI 지원으로 초안 완성하기

24시간? 미쳤군요!

네, 처음 이 아이디어를 떠올렸을 때 저도 그렇게 생각했어요. 하지만 AI의 도움과 체계적인 계획으로 실제로 해냈답니다! 어떻게 했는지 함께 살펴볼까요?

준비 단계 (1-2시간)

1. 아이디어 브레인스토밍
AI에게 이렇게 물었어요.

> **프롬프트** 현재 주목받고 있는 논픽션 주제 10가지를 제안해 줘.

AI의 제안 중 '디지털 디톡스와 현대인의 정신 건강'이라는 주제를 선택했습니다.

2. 개요 작성

선택한 주제로 AI에게 요청했어요.

> **프롬프트** 이 주제로 200페이지 분량의 책 개요를 작성해 줘. 주요 챕터 5개와 챕터별 하위 섹션 3개씩 포함해.

AI가 제안한 개요를 검토하고 수정하여 최종 개요를 완성했습니다.

집중 글쓰기 단계 (18-20시간)

1. 챕터별 내용 확장

각 챕터마다 AI에게 요청했어요.

> **프롬프트** 이 챕터의 주요 내용을 2000단어로 확장해 줘. 실제 사례, 연구 결과, 전문가 의견을 포함해.

AI의 결과물을 바탕으로 제 경험과 의견을 추가하며 내용을 다듬었습니다.

2. 휴식과 재충전

4시간마다 30분씩 휴식을 취했어요. 이때 AI에게 부탁했죠.

> **프롬프트** 다음 장의 주요 논점을 개조식으로 정리해 줘.

휴식 후 이 정리를 보며 빠르게 다음 장 작업에 돌입할 수 있었습니다.

3. 일관성 체크
중간중간 AI에게 요청했어요.

> **프롬프트** 지금까지 작성된 내용의 주요 논점과 문체, 스타일이 일관되는지 확인해줘.

AI의 피드백을 바탕으로 필요한 부분을 수정했습니다.

마무리 단계 (2-3시간)

1. 서론과 결론 작성
모든 챕터를 완성한 후 AI에게 요청했어요.

> **프롬프트** 지금까지의 내용을 종합해 강력한 서론과 결론을 각각 500단어로 작성해 줘.

AI의 제안을 바탕으로 제 목소리를 담아 최종 서론과 결론을 완성했습니다.

2. 최종 검토

AI에게 마지막 검토를 부탁했어요.

전체 내용의 논리적 흐름, 논점의 일관성, 문체의 통일성을 체크해줘.

AI의 피드백을 반영해 최종 수정을 거쳤습니다.

24시간 책 쓰기의 성공 비결

1. **철저한 준비:** 실제 글쓰기 전 주제 선정과 개요 작성에 공을 들였어요. 이 단계가 전체 과정의 성패를 좌우합니다.

2. **AI와의 효과적인 협업:** AI를 단순한 도구가 아닌 협력자로 대했어요. 구체적이고 명확한 지시로 AI의 능력을 최대한 활용했습니다.

3. **집중과 휴식의 균형:** 극한의 집중 시간과 적절한 휴식을 병행했어요. 휴식 시간도 다음 작업을 위한 준비 시간으로 활용했죠.

4. **유연성 유지:** 계획은 중요하지만, 필요에 따라 유연하게 대처했어요. 예상치 못한 아이디어가 떠오르면 개요를 과감히 수정하기도 했습니다.

여러분을 위한 조언

1. **준비가 핵심이에요:** 24시간이라는 짧은 시간에 책을 쓰려면, 시작 전 철저한 준비가 필수예요. 주제 선정과 개요 작성에 충분

한 시간을 투자하세요.

2. **AI를 믿되, 검증하세요**: AI의 제안은 훌륭한 출발점이 되지만, 모든 정보를 그대로 수용하지는 마세요. 특히 사실 관계는 반드시 재확인하세요.

3. **여러분의 목소리를 잃지 마세요**: AI의 도움을 받되, 최종 결과물에는 여러분만의 독특한 시각과 경험이 반영되어야 해요.

4. **건강을 챙기세요**: 24시간 동안 과도한 카페인이나 무리한 작업은 피하세요. 규칙적인 휴식과 가벼운 운동으로 컨디션을 유지하는 것이 중요해요.

8강

원고를 완성하세요
: AI와 함께하는 편집의 마법

편집이 이렇게 재미있을 줄이야!

처음 AI 편집 도구를 사용했을 때, 저는 깜짝 놀랐어요. 지루하고 반복적이던 작업이 마치 퍼즐을 푸는 것처럼 즐거워졌거든요. 어떻게 그렇게 되었는지, 함께 알아볼까요?

1. 문법과 맞춤법 체크

AI는 기본적인 문법과 맞춤법 오류를 빠르게 잡아낼 수 있어요.

> **프롬프트** 이 문단의 문법과 맞춤법을 체크해줘. 오류가 있다면 수정 제안도 해줘.

AI의 제안을 검토하며 꼼꼼히 수정했더니, 기본적인 오류 없는 깔끔한 원고가 완성되었어요.

2. 문체 일관성 유지

긴 원고에서 문체의 일관성을 유지하는 것은 쉽지 않죠. AI가 이를 도와줄 수 있어요.

> **프롬프트** 이 장의 문체를 분석해 줘. 특히 어조, 문장 길이, 단어 선택에 주목해. 그리고 이전 장들과 비교해서 일관성이 있는지 평가해 줘.

AI의 분석을 바탕으로 문체를 조정하니, 전체적으로 더 균형 잡힌 글이 되었어요.

3. 구조 최적화

때로는 전체 구조를 재배치해야 할 때가 있죠. AI가 객관적인 시각을 제공해 줄 수 있어요.

이 책의 전체 구조를 분석해 줘. 각 장의 핵심 내용을 요약하고, 논리적 흐름에 문제가 있는 부분이 있다면 지적해 줘. 개선 제안도 해줘.

AI의 분석 덕분에 몇몇 장의 순서를 바꾸고 일부 내용을 재배치했더니, 전체적인 논리 흐름이 훨씬 좋아졌어요.

4. 불필요한 반복 제거

긴 원고를 쓰다 보면 자주 같은 내용을 반복하게 되죠. AI가 이를 찾아내는 데 도움을 줄 수 있어요.

이 원고에서 불필요하게 반복되는 내용이나 개념을 찾아줘. 각각의 위치와 개선 방안도 제시해 줘.

AI의 지적 덕분에 불필요한 반복을 줄이고 내용을 더욱 간결하게 만들 수 있었어요.

5. 독자 친화적 문장 만들기

때로는 우리의 문장이 너무 복잡하거나 어려울 수 있어요. AI가 이를 개선하는 데 도움을 줄 수 있죠.

이 단락을 읽기 쉽게 다듬어줘. 필요하다면 긴 문장을 나누고, 어려운 단어는 더 쉬운 표현으로 바꿔줘.

AI의 제안을 참고해 문장을 다듬으니, 더 많은 독자가 쉽게 이해할 수 있는 글이 되었어요.

6. 인용구와 참고문헌 확인

논픽션에서 특히 중요한 인용구와 참고문헌 확인, AI가 초기 점검을 도와줄 수 있어요.

> **프롬프트** 이 원고의 모든 인용구와 참고문헌을 확인해 줘. 형식이 일관되는지, 필요한 정보가 모두 포함되어 있는지 체크해줘.

AI의 체크리스트를 바탕으로 꼼꼼히 확인하니, 빠진 정보 없이 완벽한 참고문헌을 만들 수 있었어요.

7. 매력적인 제목과 부제 만들기

좋은 제목은 책의 성패를 좌우하죠. AI와 함께 브레인스토밍을 해보세요.

> **프롬프트** 이 책의 핵심 내용을 바탕으로 매력적인 제목 10개를 제안해 줘. 각 제목에 어울리는 부제도 함께 제시해 줘.

AI의 제안을 출발점으로 삼아 여러 버전의 제목을 실험해 보았고, 결국 가장 매력적인 제목을 찾을 수 있었어요.

AI 활용 편집의 주의점

1. **과도한 의존주의:** AI의 제안은 참고 사항일 뿐, 최종 결정은 항상 여러분이 해야 해요. 여러분의 직관과 의도를 무시하지 마세요.
2. **맥락 이해의 한계:** AI는 때로 글의 전체적인 맥락이나 미묘한 뉘앙스를 놓칠 수 있어요. 항상 전체적인 관점에서 AI의 제안을 검토하세요.
3. **창의성 유지:** 편집 과정에서 글의 독창성과 개성이 사라지지 않도록 주의하세요. AI의 제안이 여러분의 목소리를 덮어쓰지 않게 해야 해요.

나만의 AI 활용 편집 비법

1. **단계적 접근:** 한 번에 모든 것을 완벽하게 하려 하지 마세요. 문법, 구조, 스타일 등 각 요소를 단계적으로 다루세요.
2. **다양한 피드백 활용:** AI의 피드백과 함께 인간 편집자나 베타 리더의 의견도 함께 고려하세요. 다양한 시각이 균형 잡힌 편집을 가능하게 해요.
3. **직관 믿기:** 때로는 AI의 제안이 맞지 않을 수 있어요. 여러분의 작가적 직관을 믿고 과감히 AI의 제안을 무시할 줄도 알아야 해요.

자, 이제 여러분도 AI와 함께 여러분의 원고를 마법처럼 변화시킬 준비가 되셨나요? 편집은 힘들고 지루한 과정이 아니라, 여러분의 작품을 빛나게 만드는 흥미진진한 여정이 될 수 있어요.

9강

AI 기반 세계관 설계
: 역사, 문화, 생태계까지 구축하는 접근법

내가 만든 세계가 이렇게 살아 숨 쉬다니!

처음 AI와 함께 세계관을 만들었을 때, 저는 깜짝 놀랐어요. 제 상상 속 세계가 마치 실제로 존재하는 것처럼 생생해졌거든요. 어떻게 그렇게 되었는지, 단계별로 살펴볼까요?

1. 기본 설정 만들기
먼저 여러분의 세계에 대한 기본적인 아이디어를 AI와 공유해보세요.

> **프롬프트** 나는 마법과 현대 기술이 공존하는 세계를 만들고 싶어. 이런 세계의 기본적인 특징 10가지를 제안해 줘.

4. 스마트폰으로 주문할 수 있는 마법 주문 앱

5. 용을 타고 다니는 출퇴근 문화

6. 마법 에너지로 작동하는 전기차

7. 요정들이 운영하는 AI 고객 서비스 센터

8. 마법사와 프로그래머가 협업하는 테크 기업들

이런 아이디어를 바탕으로 세계의 기본 틀을 잡아갔어요.

2. 역사와 문화 만들기

세계에 깊이를 더하기 위해 역사와 문화를 만들어봐요.

프롬프트 이 세계의 주요 역사적 사건 5가지와 그로 인해 형성된 문화적 특징들을 만들어줘.

AI

1. 대마법 산업혁명 (2100년): 마법의 산업화로 인한 전통 마법사들의 저항 운동

2. 용–인간 평화 협정 (2250년): 용들과의 전쟁 종식 후 형성된 다종족 공존 문화

이를 바탕으로 세계의 역사적, 문화적 배경을 풍부하게 만들 수 있었어요.

3. 지리와 생태계 구축

세계의 물리적 특성을 만들어볼 차례예요.

> **프롬프트** 이 세계의 독특한 지리적 특징 5가지와 그에 따른 생태계를 설명해
> 줘. 마법과 기술의 영향도 포함해 줘.
>
> **AI**
>
> 1. 부유하는 산맥: 중력 역전 마법으로 형성된 공중 생태계, 비행 생물들
>   의 낙원
> 2. 디지털 숲: 나무와 전자 기기가 공생하는 숲, 새로운 형태의 사이보그
>   식물 서식

이런 독특한 환경이 이야기에 신선한 요소를 더해줬어요.

4. 사회 시스템과 정치 구조 설계

세계의 작동 방식을 더 구체화해 볼까요?

> **프롬프트** 이 세계의 정부 형태, 경제 체제, 교육 제도를 설명해 줘. 마법과 기
> 술이 어떻게 이들 시스템에 통합되어 있는지도 포함해.
>
> **AI**
>
> ☐ 정부: 마법사 의회와 기술 전문가 위원회의 이원 체제
> ☐ 경제: 마법 에너지를 기반으로 한 새로운 형태의 암호화폐 시스템
> ☐ 교육: VR과 마법을 결합한 몰입형 원격 교육 시스템

이를 통해 세계의 사회 구조를 더욱 정교하게 만들 수 있었어요.

5. 갈등과 문제 만들기

완벽한 세계는 재미없죠. 갈등 요소를 추가해 봐요.

> **프롬프트** 이 세계가 직면한 주요 문제나 갈등 5가지를 제안해 줘. 각 문제의
> 원인과 영향도 설명해 줘.
>
> **AI**
>
> 1. 마법 오염: 무분별한 마법 사용으로 인한 환경 문제
> 2. 디지털 마법 해킹: 마법 시스템을 노리는 사이버 범죄의 증가

이런 갈등 요소들이 이야기에 긴장감과 깊이를 더해줬어요.

6. 독특한 직업과 생활 방식 창조

세계를 더욱 생생하게 만들기 위해 일상적인 면도 고려해 볼까요?

> **프롬프트** 이 세계에서 볼 수 있는 독특한 직업 10가지와 평범한 시민들의 일
> 상생활 모습을 묘사해 줘.
>
> **AI**
>
> - 직업: 마법 코드 디버거, 드래곤 교통 관제사, 차원 간 여행 가이드
> - 일상: 마법 커피 메이커로 아침을 시작하고, 텔레포트 대중교통으로
>   출근하는 모습

이런 세부 사항들이 세계를 더욱 실감 나게 만들어줬어요.

7. 언어와 관습 개발

세계만의 독특한 언어나 관습을 만들어보는 것도 좋아요.

> **프롬프트** 이 세계에서 사용되는 독특한 인사말, 관용구, 축제 3가지씩을 만들
> 어줘. 각각의 의미와 유래도 설명해 줘.

- □ 인사말: 마법찬 하루(마법과 상쾌함을 합친 말)
- □ 관용구: 용의 비늘만큼이나(엄청난 양을 의미)
- □ 축제: 대융합제(마법과 과학의 융합을 기념하는 연례 축제)

이런 문화적 요소들이 세계에 독특한 분위기를 더해줬어요.

AI 활용 세계관 구축의 주의점

1. **일관성 유지하기:** AI가 제안한 요소들 사이의 일관성을 항상 체크하세요. 필요하다면 조정을 요청하세요.
2. **독창성 잃지 않기:** AI의 제안은 출발점일 뿐이에요. 여러분만의 독특한 아이디어를 더해 세계를 만들어가세요.
3. **과도한 복잡성 피하기:** 세계관이 너무 복잡하면 독자들이 혼란스러워할 수 있어요. 핵심 요소에 집중하세요.

나만의 AI 활용 세계관 구축 비법

1. **시각화 도구 활용하기:** AI에게 세계의 지도나 주요 장소의 묘사를 요청해 시각화해 보세요.
2. **다각도로 질문하기:** 같은 요소에 대해 다양한 각도에서 질문해 보세요. 예를 들어, 정치 체제에 대해 서민의 시각, 지배층의 시각 등을 물어보세요.

3. **'만약에'를 활용하기:** "만약 이 세계에서 X가 일어난다면 어떻게 될까?"와 같은 질문으로 세계의 역동성을 탐구해 보세요.

10강

정교한 책 설계도
: AI를 활용한 개요 작성 기법

내 책의 청사진이 이렇게 선명하다니!

처음 AI와 함께 책의 개요를 만들었을 때, 저는 깜짝 놀랐어요. 모호했던 아이디어가 체계적이고 매력적인 구조로 변하는 걸 보면서 말이죠. 어떻게 그렇게 되었는지, 단계별로 알아볼까요?

1. 핵심 메시지 정의하기
먼저 책의 핵심 메시지를 명확히 해야 해요.

> 프롬프트 내 책의 주제는 '디지털 시대의 인간관계 회복'이야. 이 주제를 한 문장으로 된 강력한 메시지로 만들어줘. 그리고 이 메시지를 뒷받침할 수 있는 3가지 핵심 논점도 제시해 줘.

핵심 메시지: 기술은 우리를 연결하지만, 진정한 관계는 우리가 만든다.

핵심 논점:

1. 디지털 기술이 인간관계에 미치는 영향

2. 온라인과 오프라인에서의 소통 균형 찾기

3. 기술을 활용한 의미 있는 관계 구축 방법

이를 바탕으로 책의 방향성을 명확히 잡을 수 있었어요.

2. 목차 구조 만들기

이제 책의 큰 그림을 그려볼 차례예요.

프롬프트 앞서 정의한 핵심 메시지와 논점을 바탕으로, 3부로 구성된 목차를 만들어줘. 각 부의 제목과 그 아래 5개의 장 제목을 제안해 줘. 제목은 독자의 호기심을 자극할 수 있게 만들어줘.

AI

Part 1: 디지털 미로 속 잃어버린 연결

☐ Chapter 1: '좋아요'의 늪에 빠진 우리들

☐ Chapter 2: 스크린 너머의 보이지 않는 벽

Part 2: 균형의 춤을 추는 법

☐ Chapter 6: 디지털 디톡스, 그 달콤한 유혹

☐ Chapter 7: 오프라인의 매력을 재발견하다

Part 3: 테크놀로지로 짓는 관계의 다리

☐ Chapter 11: AI와 함께하는 감정 교류의 새로운 지평

☐ Chapter 12: 가상현실 속 진짜 우정 만들기

이런 구조가 책의 흐름을 명확하고 흥미롭게 만들어줬어요.

3. 각 장의 내용 구체화하기

이제 각 장의 내용을 더 자세히 들여다볼 시간이에요.

프롬프트 Chapter 1: '좋아요'의 늪에 빠진 우리들'의 내용을 구체화해 줘. 이 장에서 다룰 5가지 주요 포인트와 각 포인트에 포함될 수 있는 예시나 데이터, 그리고 독자에게 던질 수 있는 질문들을 제안해 줘.

AI

1. 소셜미디어 '좋아요'의 심리학
   - 예시: 페이스북 사용자 행동 연구 데이터
   - 질문: 마지막으로 '좋아요' 없이 게시물을 올린 적이 언제인가요?
2. '좋아요' 중독이 자존감에 미치는 영향
   - 예시: 10대 청소년들의 자존감 변화 통계
   - 질문: SNS를 하루 동안 끊으면 어떤 감정이 드나요?

이렇게 각 장의 내용을 구체화하니 글쓰기가 한결 수월해졌어요.

4. 독자 참여 요소 추가하기

독자의 적극적인 참여를 유도하는 요소를 넣어볼까요?

프롬프트 이 책에 포함할 수 있는 독자 참여 요소 5가지를 제안해 줘. 각 요소의 목적과 예시도 함께 제시해 줘.

AI

1. 디지털 사용 습관 자가 진단 테스트 목적: 독자의 현재 상태 인식

예: 하루 중 스마트폰을 확인하는 횟수는?

2. 7일 디지털 디톡스 챌린지 목적: 실천을 통한 변화 경험

예: Day 1: 모든 SNS 알림을 끄고 하루 보내기

이런 요소들이 책을 더 실용적이고 흥미롭게 만들어줬어요.

5. 스토리텔링 요소 통합하기

이론과 실천 방법만으로는 부족해요. 감동을 줄 수 있는 이야기도 필요하죠.

프롬프트 이 책의 각 부분에 통합할 수 있는 감동적인 실제 사례나 가상의 시나리오 3가지를 만들어줘. 각 이야기의 핵심 메시지와 어느 부분에 넣으면 좋을지도 제안해 줘.

AI

1. 소셜미디어 중독에서 벗어나 가족과의 관계를 회복한 30대 회사원의 이야기

핵심 메시지: 디지털 디톡스의 가치

위치: Part 2의 시작 부분

2. 온라인 게임에서 시작된 국제 자선 단체 설립 스토리

핵심 메시지: 기술을 통한 의미 있는 관계 구축

위치: Part 3의 중반부

이런 이야기들이 책에 생명력을 불어넣어 줬어요.

AI 활용 개요 작성의 주의점

1. **일관성 유지하기**: AI의 제안을 그대로 받아들이기보다는 전체적인 일관성을 체크하며 조정하세요.
2. **독창성 잃지 않기**: AI의 제안은 출발점일 뿐이에요. 여러분만의 독특한 통찰과 경험을 반드시 통합하세요.
3. **목표 독자 고려하기**: AI에게 목표 독자층을 명확히 알려주고, 그들의 기본 욕구에 맞는 내용 구성을 요청하세요.

나만의 AI 활용 개요 작성 비법

1. **반복적 개선**: 처음 만든 개요에 만족하지 마세요. AI와의 대화를 통해 계속 다듬어가세요.
2. **시각화 요청하기**: AI에게 개요를 마인드맵이나 플로우차트 형태로 표현해달라고 요청해 보세요.
3. **경쟁작 분석하기**: AI에게 비슷한 주제의 베스트셀러 구조를 분석해달라고 하고 여러분의 책과 비교해보세요.

11강

매력적인 마케팅 카피
: AI와 함께 독자의 마음을 사로잡다

이 한 줄로 내 책의 모든 것을 말할 수 있다니!

처음 AI와 함께 마케팅 카피를 만들었을 때, 저는 놀라움을 감출 수 없었어요. 수백 페이지의 내용을 단 몇 단어로 압축해 표현하는 걸 보면서 말이죠. 어떻게 그렇게 되었는지, 단계별로 살펴볼까요?

1. 핵심 가치 정의하기

먼저 책의 핵심 가치를 명확히 해야 해요.

프롬프트 내 책 '디지털 시대의 인간관계 회복'의 핵심 가치를 한 문장으로 정의해줘. 그리고 이 책이 독자들에게 줄 수 있는 3가지 주요 혜택도 제시해 줘.

AI

핵심 가치: 기술에 지배당하지 않고 기술을 활용해 더 깊고 의미 있는 인간관계를 만드는 방법

주요 혜택:

1. 디지털 중독에서 벗어나 자유로워지는 법
2. 온라인과 오프라인의 완벽한 균형 찾기
3. 테크놀로지를 활용한 진정한 소통의 기술

이를 바탕으로 카피 작성의 방향을 잡을 수 있었어요.

2. 타깃 독자 정의하기

효과적인 카피를 위해서는 타깃 독자를 명확히 해야 해요.

프롬프트 이 책의 주요 타깃 독자층을 3가지 페르소나로 정의해줘. 각 페르소나의 나이, 직업, 관심사, 그리고 이 책을 필요로 하는 이유를 포함해 줘.

AI

1. 소셜미디어에 중독된 25세 마케터 Emily 관심사: 트렌드, 자기계발, 필요 이유: 일과 삶의 균형 회복 필요
2. 자녀와의 소통에 어려움을 겪는 45세 엔지니어 David 관심사: 테크놀로지, 가족, 필요 이유: 디지털 세대 자녀와의 소통 방법 학습
3. 온라인 데이팅에 지친 35세 프리랜서 작가 Sophia 관심사: 문학, 심리학, 필요 이유: 진정한 관계 구축 방법 모색

이렇게 타깃을 명확히 하니 카피의 방향이 더 선명해졌어요.

3. 시선을 끄는 헤드라인 만들기

이제 독자의 시선을 사로잡을 헤드라인을 만들어볼까요?

프롬프트 앞서 정의한 핵심 가치와 타깃 독자를 고려해, 이 책을 위한 강력한 헤드라인 10개를 만들어줘. 각 헤드라인은 호기심을 자극하고, 문제 해결을 암시하며, 기억에 남을 수 있어야 해.

AI

1. 스마트폰을 내려놓고, 당신의 인생을 집어들 시간

---

2. 좋아요 100개보다 깊이 있는 대화 1개의 힘

3. 디지털 시대의 관계 해독제: 테크놀로지로 되찾는 인간다움

4. 당신의 손안에 있는 것, 세상일까 고립일까?

5. AI 시대, 가장 필요한 건 티(감성지능)이다

이 중에서 가장 마음에 드는 헤드라인을 선택하고 다듬었어요.

4. 설득력 있는 서브 카피 작성하기

헤드라인을 보완할 서브 카피를 만들어볼까요?

프롬프트 선택한 헤드라인 '디지털 시대의 관계 해독제: 테크놀로지로 되찾는 인간다움'에 어울리는 3줄짜리 서브 카피를 작성해 줘. 각 줄은 문제 제기, 해결책 암시, 행동 촉구의 구조를 가져야 해.

AI 끊임없는 알림에 지친 당신, 진정한 관계가 그리운가요? 이 책에서 기술을 관계로 만드는 놀라운 비밀을 만나보세요. 지금 페이지를 넘기는 순간, 당신의 인간관계가 달라집니다.

이 서브 카피로 헤드라인의 메시지를 더욱 강화할 수 있었어요.

5. 독자 리뷰 스타일의 카피 만들기

독자들의 입장에서 쓴 듯한 리뷰 스타일의 카피도 효과적이에요.

프롬프트 이 책을 읽고 변화를 경험한 가상의 독자 3명의 짧은 리뷰를 작성해 줘. 각 리뷰는 독자의 초기 문제, 책을 통해 얻은 인사이트, 그 결과 경험한 변화를 포함해야 해.

AI

1. SNS에 하루 6시간을 쏟던 제가 이제는 가족과의 저녁 식사가 기다려져요. 이 책은 제 인생의 우선순위를 바꿨습니다. – Emily, 26세

2. 아들과 대화가 쉬워졌어요. 테크놀로지를 이해하니 아들의 세계도 이해되더군요. – David, 48세

3. 진정한 소울메이트를 찾았어요. 온라인 데이팅의 함정에서 벗어나 진짜 관계의 가치를 알게 해준 책입니다. – Sophia, 34세

이런 리뷰 스타일의 카피가 책의 실제 가치를 전달하는 데 큰 도움이 되었어요.

AI 활용 마케팅 카피 작성의 주의점

1. **진실성 유지하기:** 과장된 표현은 피하고, 책의 실제 내용과 가치를 정직하게 전달하세요.

2. **브랜드 톤 고려하기:** AI에게 여러분의 브랜드 톤과 스타일을 명확히 알려주고, 그에 맞는 카피를 요청하세요.

3. **법적, 윤리적 고려 사항 확인하기:** AI가 제안한 카피가 법적, 윤리적 문제가 없는지 반드시 확인하세요.

나만의 AI 활용 마케팅 카피 작성 비법

1. **A/B 테스트 활용하기:** AI에게 여러 버전의 카피를 만들어달라고 하고, 실제 독자들의 반응을 테스트해 보세요.

2. **감성과 이성의 균형 맞추기:** 논리적 혜택과 감성적 호소를 균형 있게 포함하는 카피를 요청하세요.

3. **지속적인 업데이트:** 시장 반응과 트렌드에 따라 카피를 주기적으로 업데이트하세요. AI는 이 과정을 빠르고 효과적으로 도와줄 거예요.

12강

인생의 캔버스 채우기
: AI 기반 자전적 에세이 작성하기

내 인생이 이렇게 특별했다니!

처음 AI와 함께 자전적 에세이를 쓰기 시작했을 때, 저는 새삼 놀랐어요. 평범하다고만 생각했던 제 삶의 순간들이 얼마나 의미 있고 아름다웠는지 깨달았거든요. 어떻게 그렇게 되었는지, 단계별로 살펴볼까요?

1. 인생의 주요 사건 정리하기
먼저 여러분 인생의 중요한 순간들을 정리해 볼까요?

> **프롬프트** 자전적 에세이를 쓰려고 해. 내 인생에서 가장 중요한 사건이나 전환점 15가지를 시간 순서대로 나열해 줘. 각 사건에 대해 간단한 설명도 추가해 줘.
>
> **AI**
>
> 1. 첫 자전거 타기 (6세): 독립심과 자유의 첫 경험
> 2. 부모님의 이혼 (10세): 가족 구조의 변화와 적응
> 3. 외국으로의 첫 여행 (15세): 세계관의 확장
> 4. 첫사랑과의 만남 (17세): 감정의 폭발과 성장
> 5. 대학 입학 (19세): 새로운 환경과 도전

이렇게 인생의 주요 사건들을 정리하니 에세이의 뼈대가 잡히기 시작했어요.

2. 감정과 교훈 탐색하기

이제 각 사건에 담긴 감정과 교훈을 더 깊이 들여다볼 차례예요.

> **프롬프트** 첫사랑과의 만남 사건에 대해 더 자세히 탐구해 보자. 이 경험에서 느낀 감정들을 나열하고, 이 경험이 내 인생에 어떤 영향을 미쳤는지 분석해 줘. 그리고 이 경험에서 배운 중요한 삶의 교훈도 제시해 줘.
>
> **AI**
>
> 감정: 설렘, 불안, 행복, 혼란, 아픔
> 영향: 자아 정체성 형성, 타인과의 관계 맺는 법 학습, 감정 조절 능력 향상
> 교훈: 진정한 사랑은 상대방의 성장을 응원하는 것, 자신을 사랑하는 법을 배워야 타인도 사랑할 수 있다.

이런 깊이 있는 분석이 에세이에 풍성한 내용을 더해줬어요.

3. 이야기 구조 만들기

흩어진 사건들을 하나의 매력적인 이야기로 엮어볼까요?

프롬프트 내 인생의 주요 사건들을 '영웅의 여정' 구조로 재구성해 줘. 각 단계에 해당하는 사건을 배치하고, 이 구조로 인생을 바라볼 때 어떤 새로운 통찰을 얻을 수 있는지 설명해 줘.

AI

1. 일상세계: 평범한 가정에서의 어린 시절
2. 모험의 부름: 부모님의 이혼 – 삶의 첫 번째 큰 시련
3. 조력자와의 만남: 고등학교 은사님과의 만남
4. 시험의 관문: 대학 입학과 적응 과정
5. 새로운 통찰: 인생의 시련들이 실은 성장의 기회였음을 깨달을 수 있습니다. 각 단계가 다음 단계로 나아가기 위한 필수적인 과정이었다는 점에서, 모든 경험에 의미가 있었다고 볼 수 있죠.

이런 구조화가 에세이에 드라마틱한 흐름을 더해줬어요.

4. 생생한 장면 묘사하기

이야기를 더욱 생동감 있게 만들어볼까요?

프롬프트 첫사랑과의 만남 장면을 생생하게 묘사해 줘. 그날의 날씨, 주변 환경, 옷차림, 냄새, 소리 등 감각적 요소를 포함해서 마치 영화의 한 장면처럼 표현해 줘.

AI 찬란한 봄볕이 교정을 가득 채운 4월의 어느 날이었다. 벚꽃잎이 살랑이는 바람에 하늘거리며 핑크빛 융단을 만들어내고 있었다. 나는 연보라색 원피스에 작은 데이지꽃 목걸이를 하고 있었고, 그는 청바지에 흰 셔츠 차림이었다. 멀리서 들려오는 기타 소리와 함께, 그가 내게 다가왔다. 벚꽃 향기와 그의 상큼한 시트러스 향수 냄새가 뒤섞였다. 그 순간, 시간이 멈춘 것만 같았다….

이런 생생한 묘사가 독자들을 그 순간으로 데려다주는 듯했어요.

5. 성찰과 통찰 더하기

이제 여러분의 인생 이야기에 깊이를 더해볼까요?

프롬프트 지금까지의 내 인생을 돌아보며 얻은 가장 중요한 통찰 3가지를 제시해 줘. 각 통찰에 대해 그것을 깨닫게 된 계기와 이 깨달음이 내 삶을 어떻게 변화시켰는지 설명해 줘.

AI

1. "실패는 성장의 밑거름이다" 계기: 대학 입시 실패 후 재도전 과정 변화: 도전에 대한 두려움 감소, 회복탄력성 향상
2. "진정한 행복은 관계에서 온다" 계기: 성공했지만 외로웠던 직장 생활 변화: 일과 삶의 균형 재조정, 가족과 친구 관계 강화
3. "현재에 충실하되 미래를 준비하라" 계기: 갑작스러운 건강 문제와 경력 단절 변화: 건강 관리 시작, 끊임없는 자기 계발 노력

이런 성찰이 에세이에 깊이와 보편성을 더해줬어요.

AI 활용 자전적 에세이 작성의 주의점

1. 진실성 유지하기

AI의 제안은 참고 사항일 뿐, 여러분의 진짜 경험과 감정을 담아 내는 것이 가장 중요해요.

2. 프라이버시 고려하기

다른 사람의 이야기가 포함될 때는 그들의 프라이버시를 존중하세요.

3. 균형 잡힌 시각 유지하기

긍정적인 면과 부정적인 면을 균형 있게 다루세요. 완벽한 삶은 없답니다.

나만의 AI 활용 자전적 에세이 작성 비법

1. 다양한 관점 탐색하기

같은 사건을 다른 시기의 나, 또는 다른 사람의 눈으로 바라보는 연습을 해보세요.

2. 시각적 요소 활용하기

AI에게 중요한 장면을 그림으로 묘사해달라고 요청해 보세요. 이 를 영감 삼아 더 풍부한 묘사를 할 수 있어요.

3. 정기적인 업데이트

1년에 한 번씩 새로운 경험과 통찰을 추가하며 에세이를 업데이 트해 보세요. 변화하는 자신의 모습을 발견할 수 있을 거예요.

13강

AI 작가와의 대화
: 나의 글쓰기 스타일 발견하기

내 글의 DNA는 뭘까?

어느 날, 문득 이런 의문이 들었어요. '나만의 글쓰기 스타일이 뭘까?' 그리고 AI에게 도움을 요청했죠.

1. AI의 정밀한 눈

> **AI** Kay님의 글에서는 독특한 리듬감이 느껴져요. 특히 짧은 문장과 긴 문장을 교차해서 쓰는 패턴이 돋보이네요.
>
> **프롬프트** 아, 정말? 난 그런 의도 없이 썼는데... 재미있네!

2. 숨겨진 주제 발견

> **AI** Kay님의 작품들을 분석해 보니, '고독'과 '희망'이라는 주제가 자주 등장해요.
>
> **프롬프트** 와, 그걸 어떻게 알았지? 나도 몰랐던 내 내면의 목소리를 듣는 것 같아.

3. 언어 사용의 특징

> **AI** Kay님은 특히 감각적인 형용사를 많이 사용하시네요. 색채나 질감을 표현하는 단어들이 풍부해요.
>
> **프롬프트** 그래? 난 그저 떠오르는 대로 썼을 뿐인데... 내 무의식이 그렇게 작용했나 봐.

AI, 나의 문학적 자아 탐험 가이드

자, 이제 AI가 어떻게 제 글쓰기 스타일을 분석하고 피드백을 주었는지 자세히 살펴볼까요?

1. 문체 분석의 마법사, AI

> **프롬프트** 내 문장 구조의 특징이 뭐야?
>
> **AI** Kay님의 문장은 평균적으로 15단어로 구성되어 있고, 종종 도치법을 사용하시는군요. 이런 스타일은 글에 리듬감을 더해줘요.
>
> **프롬프트** 와, 정말 그렇네. 이런 세세한 분석은 내 글의 특징을 객관적으로 볼 수 있게 해주는 것 같아.

2. 캐릭터 묘사의 패턴 찾기

> **프롬프트** 내가 캐릭터를 어떻게 묘사하는 편이야?
>
> **AI** Kay님은 주로 캐릭터의 내면 심리를 섬세하게 묘사하시는 편이에요. 특히 눈빛이나 손짓 같은 작은 디테일로 감정을 표현하는 게 특징이네요.
>
> **프롬프트** 아, 그렇구나. 난 무의식적으로 그렇게 썼는데, 이제 보니 그게 내

> 스타일이었네.

3. 장르 간 크로스오버 탐지기

> **프롬프트** 내 글은 어떤 장르적 특성이 있어?
>
> **AI** Kay님의 글은 주로 현실주의적 배경에 판타지적 요소를 섞는 매직 리얼
> 리즘의 특징을 보여요. 일상 속 비일상적 요소를 자연스럽게 녹여내는 스킬
> 이 돋보이네요.
>
> **프롬프트** 오, 정말? 난 그저 재미있을 것 같아서 그렇게 썼는데... 이게 바로
> 내 작품의 독특한 매력이었군!

나만의 AI 활용 글쓰기 스타일 발견 비법

1. 객관적 시선 받아들이기

AI의 분석을 열린 마음으로 받아들이되, 비판적 사고도 잊지 않
아요. "AI의 분석은 내 글의 새로운 면을 발견하게 해줘요. 하지만 최
종 판단은 내가 해야 해요."

2. 약점을 강점으로

AI가 지적한 단점을 오히려 나만의 독특한 특징으로 발전시켜요.
"짧은 문장을 많이 쓴다고? 그럼 이걸 극대화해서 나만의 스타일로
만들어보자!"

3. 지속적인 자기 관찰

AI와의 대화를 통해 얻은 인사이트를 바탕으로 내 글쓰기를 계

속 관찰해요. "이제 글을 쓸 때마다 내 스타일의 변화와 발전을 의식하게 됐어요. 이게 바로 성장이죠."

14강

진정성 있는 서사 작성
: AI 글쓰기의 감성 지능 활용하기

AI가 이렇게 감성적일 줄이야!

처음 AI의 감성 지능을 활용해 글을 썼을 때, 저는 깜짝 놀랐어요. 차갑고 기계적일 거로 생각했던 AI가 인간의 복잡한 감정을 이해하고 표현할 수 있다는 사실이 놀라웠거든요. 어떻게 그렇게 되었는지, 단계별로 살펴볼까요?

1. 감정의 스펙트럼 탐색하기
먼저 다양한 감정을 탐색해 볼까요?

> **프롬프트** 사랑이라는 감정에 대해 가능한 많은 뉘앙스와 종류를 나열해 줘. 각 종류의 사랑에 대해 짧은 설명과 그 사랑을 표현할 수 있는 상황 예시도 함께 제시해 줘.

AI

1. 열정적 사랑: 강렬하고 불타오르는 감정, 예시: 첫눈에 반한 두 사람의 눈빛 교환
2. 온화한 사랑: 편안하고 따뜻한 애정, 예시: 50년 된 부부가 손을 잡고 공원을 거니는 모습
3. 희생적 사랑: 자신보다 상대방을 우선시하는 사랑, 예시: 자식을 위해 모든 것을 포기하는 부모의 모습
4. 플라토닉 사랑: 육체적 욕망 없이 정신적으로 교감하는 사랑, 예시: 서로를 깊이 이해하는 오랜 친구 사이

이렇게 감정의 다양한 뉘앙스를 탐색하니 캐릭터의 감정을 더 섬세하게 표현할 수 있었어요.

2. 감정의 변화 곡선 그리기

이제 이야기 속 캐릭터의 감정 변화를 그려볼까요?

프롬프트 주인공이 첫사랑과 이별하고 새로운 사랑을 만나는 과정에서의 감정 변화를 시간 순서대로 10단계로 나누어 설명해 줘. 각 단계에서 주인공이 느낄 수 있는 주된 감정과 그 감정을 표현할 수 있는 구체적인 행동이나 대사도 함께 제시해 줘.

AI

1. 충격과 부정: (상대방에게 끊임없이 연락을 시도함)이럴 리가 없어. 분명 오해일 거야.
2. 분노: (분노를 주체하지 못하고 물건을 던짐)어떻게 나한테 이럴 수 있어?
3. 협상: (애써 밝은 척하며 만남을 제안함)내가 잘못했어. 다시 시작할 수 없을까?

10. 새로운 희망: (오랜만에 밝은 미소로 새로운 사람과 데이트를 즐김)이
    제 다시 사랑할 준비가 된 것 같아.

이렇게 감정의 변화 곡선을 그리니 캐릭터의 내적 여정이 더 선명
하게 보였어요.

3. 감정을 풍부하게 표현하기

이제 감정을 더욱 풍부하게 표현해 볼까요?

프롬프트 주인공이 첫사랑과 헤어진 후 느끼는 복잡한 감정을 표현하는 내적
독백을 1인칭 시점으로 써줘. 은유와 비유를 활용하고, 감각적 묘사도 포함해
서 독자가 주인공의 감정을 생생하게 느낄 수 있도록 해줘.

AI 내 마음속에 폭풍이 몰아치고 있다. 그와의 추억들이 날카로운 유리 조
각이 되어 내 가슴을 에어낸다. 한때는 달콤했던 그의 목소리가 이제는 귓
가에 맴도는 불협화음이 되었다. 거리를 걸을 때마다 우리가 함께 걸었던
그 길들이 끝없는 미로처럼 느껴진다. 무거운 구름이 내 머리 위에 드리워
진 듯, 세상이 온통 흑백으로 보인다. 그런데 가끔, 아주 가끔 햇살이 구름
사이를 비집고 들어올 때면, 내 안의 작은 희망이 속삭인다. '이것 또한 지
나가리라'고.

이렇게 감정을 풍부하게 표현하니 독자들이 주인공의 감정에 더
깊이 공감할 수 있었어요.

4. 비언어적 표현 활용하기

감정은 말로만 표현되는 것이 아니죠. 비언어적 표현을 활용해 볼까요?

프롬프트 주인공이 새로운 사랑에 빠졌지만 고백할 용기가 없는 상황에서 보일 수 있는 비언어적 표현을 10가지 제시해 줘. 표정, 제스처, 행동 등을 포함해서 구체적으로 묘사해 줘.

AI

1. 상대방을 볼 때마다 얼굴이 붉어지고 시선을 피함
2. 무의식적으로 머리카락을 만지작거림
3. 상대방 앞에서 말을 더듬거나 목소리가 평소보다 높아짐
4. 상대방이 농담할 때 과하게 웃음
5. 상대방과 우연히 몸이 닿으면 깜짝 놀라 움찔함

이런 비언어적 표현들이 캐릭터의 감정을 더욱 생생하게 전달해 줬어요.

5. 감정의 대비와 충돌 만들기

이제 감정의 대비와 충돌을 통해 이야기에 긴장감을 더해볼까요?

프롬프트 주인공이 전 애인의 결혼식에 참석하는 상황을 설정해 줘. 주인공이 느낄 수 있는 상반된 감정들을 나열하고, 이 감정들이 어떻게 충돌하고 해소되는지 짧은 서사를 써줘.

AI 축하의 말을 건네는 내 입술은 미소 짓고 있지만, 가슴 한 구석에서는 씁쓸함이 스멀스멀 올라온다. 그들의 행복한 모습에 진심으로 기쁘면서도, 동시에 질투와 후회가 나를 할퀴고 간다. 축하 노래가 울려 퍼질 때, 나도 모르게 눈물이 고인다. 그건 미련 때문일까, 아니면 안도감 때문일까. 불현듯 깨달았

다. 이제 정말 끝났다는 것을. 그리고 그것이 새로운 시작이 될 수 있다는 것을. 눈물을 훔치며 활짝 웃는 내 모습에, 묘한 해방감이 찾아온다.

이렇게 감정의 대비와 충돌을 표현하니 캐릭터의 내면이 더욱 입체적으로 그려졌어요.

AI 활용 감성적 글쓰기의 주의점

1. 진정성 유지하기
AI의 제안을 그대로 사용하기보다는, 여러분만의 경험과 감성을 녹여내세요.

2. 과도한 감정 표현 주의하기
때로는 절제된 표현이 더 강한 감동을 줄 수 있어요. 항상 균형을 고려하세요.

3. 문화적 맥락 고려하기
감정 표현은 문화에 따라 다를 수 있어요. 여러분의 이야기 배경에 맞는 표현을 선택하세요.

나만의 AI 활용 감성적 글쓰기 비법

1. 개인적 경험 접목하기
AI의 제안에 여러분의 실제 경험을 더해 더욱 진정성 있는 서사를 만들어보세요.

2. 다양한 시점 시도하기

같은 상황을 다른 캐릭터의 시점에서 써보며 다양한 감정을 탐색해 보세요.

3. 감정 일기 쓰기

매일 자신의 감정을 AI와 함께 분석하고 표현해 보는 습관을 들여보세요.

15강

AI와 함께 춤추는 시
: 운율과 韻(운)의 새로운 지평 탐구

시, 그게 뭐예요? 먹는 건가요?

몇 달 전, 제 조카가 던진 이 질문에 저는 할 말을 잃었어요. 시를 어떻게 설명해야 할지 고민하다 문득 떠올랐죠. '그래, AI의 도움을 받아볼까?'

1. AI, 너도 시를 쓸 줄 아니?

처음 AI에게 시를 써달라고 했을 때, 솔직히 큰 기대는 없었어요.

그런데 놀랄 수밖에 없었죠.

> **AI** 봄바람 살랑대는 날 꽃잎은 춤을 추고 내 마음도 함께 날아

'어라? 이거 꽤 괜찮은데?'

2. 운율의 마법사, AI

AI가 제안한 운율 패턴을 따라 시를 써보기 시작했어요. 마치 음악에 맞춰 춤을 추는 것처럼, 말의 리듬이 자연스럽게 흘러나왔죠.

3. 전통과 현대의 만남

한국의 전통 시조에 도전해 보고 싶었어요. AI가 제안한 종장의 구조를 따라 써보니... 봄바람에 벚꽃 지니 꽃길로 걸어가네 그대를 향한 내마음 꽃잎처럼 날리네.

"오, 이게 바로 3, 4, 3, 4의 묘미구나!"

AI, 나의 은밀한 시 쓰기 파트너

자, 이제 AI가 어떻게 제 시 쓰기를 도와주었는지 자세히 들여다볼까요?

1. 영감의 샘물, AI

234

글감이 떠오르지 않을 때, AI에게 도움을 청했어요.

> **프롬프트** '그리움'을 주제로 한 이미지 5개만 줘볼래?
> **AI** 낙엽이 쌓인 빈 그네, 창가에 맺힌 빗방울, 오래된 편지 한 장, 꺼진 촛불 연기, 바다로 향하는 기차길

2. 단어의 연금술사, AI

때로는 적절한 단어가 떠오르지 않을 때가 있죠. 그럴 때마다 AI가 새로운 제안을 해줬어요.

> **프롬프트** '아름다운' 말고 다른 표현 없을까?
> **AI** '눈부신', '찬란한', '영롱한', '황홀한', '신비로운'

3. 형식의 탐험가, AI와 나

새로운 시 형식을 실험해 보고 싶었어요. AI가 제안한 글자 수수께끼인 '아크로스틱(acrostics)' 형식을 써보았죠.

> **AI** 봄이 오면 아름다운 꽃들이 피어나고 사람들의 마음도 함께 꽃피네.

나만의 AI 활용 시 쓰기 비법

1. 감성과 이성의 조화

AI의 제안을 그대로 받아들이기보다는, 제 감성을 더해 다듬어

나갔어요. "AI가 뼈대를 만들어주면, 난 거기에 살을 붙이는 거야."

2. 전통과 혁신의 균형

전통적인 시 형식에 AI의 새로운 아이디어를 접목해 봤어요. "옛것과 새것이 만나 더 아름다운 시가 탄생하는 걸 느꼈어요."

3. 끊임없는 실험과 도전

AI와 함께 다양한 시 형식과 주제로 실험해 봤어요. 실패해도 괜찮아요, 그 과정이 또 하나의 시가 되니까요. "때론 엉뚱한 결과물이 나와도 그게 새로운 영감이 되더라고요!"

16강

크로스 미디어 스토리텔링
: AI로 책에서 영화까지 확장하기

내 소설이 영화가 된다고?

몇 달 전, 제 첫 소설 《별들의 속삭임》을 출간했어요. 그런데 어느 날 친구가 얘기했죠. "야, 이거 영화로 만들면 대박 날 것 같은데?"

그 순간, 머릿속에 번개가 쳤어요. '그래, AI의 도움을 받아 다양한 미디어로 만들어보자!'

1. AI, 넌 영화 각본도 쓸 줄 아니?

AI에게 제 소설을 영화 각본으로 바꿔 달라고 부탁했어요. 그랬더니 새로운 글이 나타났죠.

> **AI** FADE IN: EXT. 별이 쏟아지는 밤하늘 – 밤 카메라. 하늘에서 천천히 내려와 창가에 기대어 별을 바라보는 주인공 MINA(20대)의 뒷모습을 포착한다.

2. 웹툰의 마법사, AI

다음은 웹툰 스크립트에 도전했어요. AI가 컷 구성을 제안했어요.

> **AI** #1 [긴 컷] 밤하늘 가득 별이 빛나는 모습, #2 [작은 컷] 창가에 기대어 별을 보는 미나의 뒷모습, #3 [말풍선] "별들아, 내 소원 들어줄래?"

3. 팟캐스트의 연출가, AI

책의 한 장면을 팟캐스트 대본으로 바꿔보기로 했어요.

> **AI** [부드러운 피아노 BGM] 진행자: "밤하늘의 별들처럼, 우리의 꿈도 반짝이고 있나요? 오늘 '별들의 속삭임' 중에서 가장 인상 깊었던 장면을 함께 읽어볼게요." [페이지 넘기는 소리]

AI, 나의 크로스 미디어 파트너

자, 이제 AI가 어떻게 제 이야기를 다양한 미디어로 변신시켰는지 자세히 들여다볼까요?

1. 장면 묘사의 달인, AI

소설 속 추상적인 장면을 구체적인 영상으로 표현하는 게 어려웠는데, AI가 적절한 제안을 해줬어요.

> **AI** 이 장면, 미나의 눈에 비치는 별빛을 클로즈업하면 어때요?

3. 대사의 연금술사, AI

소설 속 내레이션을 캐릭터들의 생생한 대사로 바꾸는 작업을 AI와 함께했어요.

> **AI** '별들은 우리의 소원을 들어주지 않아. 다만 우리에게 힘을 줄 뿐이지.' 이렇게 말하면 어떨까요?

2. 리듬의 마술사, AI

웹툰의 컷 구성에 리듬감을 더하고 싶었는데, AI가 절묘한 제안을 해줬어요.

> **AI** 긴 컷과 짧은 컷을 번갈아 배치하면 극적인 효과를 줄 수 있어요.

나만의 AI 활용 크로스 미디어 비법 ─────────

1. 미디어별 특성 존중하기

각 미디어의 특성을 살리면서도 원작의 감동을 유지하는 게 관건이었어요.

2. AI의 제안을 나만의 색으로 물들이기

AI의 제안을 기반으로, 제 개성을 녹여내려 노력했어요.

3. 끊임없는 피드백과 수정

AI와 함께 만든 결과물을 다양한 사람들에게 보여주고 피드백을 받았어요.

───────── **17강** ─────────

AI 번역의 미학
: 문학 작품의 언어 간 경계를 넘어

셰익스피어가 한국어로 랩을 하다니!

몇 주 전, 문득 이런 생각이 들었어요. '셰익스피어의 소네트를 현대 한국어로 번역하면 어떨까?' 그리고 바로 AI의 도움을 받아 이 대담한 실험을 시작했죠.

1. AI, 넌 셰익스피어 말을 알아듣니?

AI에게 셰익스피어의 소네트 18번을 한국어로 번역해달라고 부탁했어요.

> 원문: "Shall I compare thee to a summer's day?"
>
> **AI** 당신을 여름날에 비유해 볼까요?

2. 현대적 감각의 마법사, AI

AI에게 좀 더 현대적인 감각으로 번역해달라고 요청했어요.

> **AI** Hey, 네가 여름날 같다고 할까? 근데 더 핫해.

3. 韻(운)의 연금술사, AI

이번엔 한국의 전통적인 시조 형식으로 바꿔 달라고 했어요.

> **AI** 여름날(3) 보다 곱고(4) 온화한(3) 그대모습(4) 세월도(3) 앗아가지는(5) 못하리라(4) 그대여(3)

AI, 나의 은밀한 번역 파트너

자, 이제 AI가 어떻게 제 번역을 도와주었는지 자세히 들여다볼까요?

1. 문화적 맥락의 안내자, AI

서양의 은유를 동양적 정서로 바꾸는 게 어려웠는데, AI가 절묘한 제안을 해줬어요.

> **AI** 여기서 'summer's day'를 '한가위 보름달'로 바꾸면 어떨까요?

2. 언어유희의 달인, AI

셰익스피어 특유의 언어유희를 한국어로 옮기는 건 정말 까다로웠어요. 하지만 AI가 기발한 아이디어를 줬죠.

> **AI** 'To be or not to be'를 '죽느냐, 사느냐, 그것이 문제로다'로 번역하는 대신 '해야 하나, 말아야 하나, 그게 바로 인생이지'는 어떨까요?

3. 시대적 감각의 조율사, AI

고전을 현대적 감각으로 재해석하는 작업에서 AI가 큰 도움을 줬어요.

> **AI** 로미오와 줄리엣의 대사를 현대 청소년들의 말투로 바꿔볼까요?

나만의 AI 활용 번역 비법

1. 원작의 영혼 지키기

AI의 번역을 바탕으로, 원작의 감동과 의도를 살리는 데 주력했어요.

2. 독자를 생각하며 다듬기

AI의 제안을 받아들이되, 항상 독자의 눈높이를 고려했어요.

3. 계속되는 실험과 도전

AI와 함께 다양한 문체와 형식으로 번역을 시도해 봤어요.

AI와 함께하는 작가의 일상
: 생산성과 창의성의 균형 잡기

오늘도 AI와 함께 아침을 열어요

새벽 5시, 알람 소리와 함께 하루가 시작됩니다. 눈을 비비며 컴퓨터 앞에 앉아 AI에게 첫인사를 건넵니다.

1. 아이디어의 샘, AI와의 브레인스토밍

> **프롬프트** 좋은 아침, 오늘의 글감 좀 제안해 줄래?
> **AI** 오늘은 '도시 속 자연'이라는 주제는 어떠세요? 콘크리트 정글 속 작은

> 정원의 이야기...

2. 글쓰기의 리듬을 만드는 AI 타이머

25분 집중, 5분 휴식의 포모도로 기법을 AI가 관리해 줍니다.

> **AI** Kay님, 25분 집중 시간이 끝났어요. 5분 휴식 시작하겠습니다.
> "휴, 어느새 이만큼 썼네. AI 덕분에 시간 가는 줄도 모르고 몰입했어."

3. 교정의 마법사, AI

초고를 완성하고 AI에게 검토를 부탁합니다.

> **AI** 3단락의 '붉은 장미'를 '진홍빛 장미'로 바꾸면 더 생생할 것 같아요.

AI, 나의 24시간 창작 파트너

자, 이제 AI가 어떻게 제 하루의 창작 과정을 풍성하게 만들어주는지 자세히 들여다볼까요?

1. 리서치의 든든한 조수, AI

소설의 배경이 되는 1980년대 서울에 대해 알아보고 싶었어요.

> **프롬프트** 1980년대 서울의 평범한 가정집 내부 모습을 설명해 줘.

> **AI** 넓은 거실 한가운데 브라운관 TV가 자리 잡고 있고, 옆에는 전화기가….

2. 캐릭터 발전의 조력자, AI

주인공의 성격을 더 입체적으로 만들고 싶었어요.

> **프롬프트** 내향적이면서도 때론 대담한 행동을 하는 캐릭터의 예시 좀 들어줘.
> **AI** 셜록 홈스는 고독을 즐기는 내향적 성격이지만, 사건 해결을 위해선 과감한 행동도 서슴지 않죠.

3. 플롯 구성의 파트너, AI

이야기의 전개가 막힐 때면 AI에게 조언을 구해요.

> **프롬프트** 주인공이 비밀을 발견하는 장면, 어떻게 만들면 좋을까?
> **AI** 우연히 발견한 낡은 일기장에서 떨어진 사진 한 장으로 시작하는 건 어떨까요?

나만의 AI 활용 창작 비법

1. AI는 도구일 뿐, 작가는 나

AI의 제안은 항상 제 창의성을 자극하는 출발점일 뿐이에요.

2. 균형 잡힌 AI 활용

하루 중 AI를 사용하는 시간과 순수하게 제 생각에 집중하는 시간의 균형을 맞춰요.

3. 끊임없는 실험과 학습

AI와의 협업 방식을 계속 실험하고 개선해 나가요.

——————— 19강 ———————

미래의 문학 교육
: AI가 바꾸는 혁신적인 글쓰기 수업

선생님, AI랑 글쓰기요? 재밌겠다!

새 학기 첫날, 학생들에게 AI와 함께하는 글쓰기 수업을 제안했을 때의 반응이었어요. 그들의 눈빛에서 호기심과 기대가 반짝이는 걸 보며, 저 역시 설렘 가득한 마음으로 새로운 도전을 시작했죠.

1. AI, 우리의 든든한 글쓰기 도우미

첫 수업에서 AI에게 작문 주제를 제안해달라고 했어요.

AI 오늘의 주제는 '내가 만약 시간을 되돌릴 수 있다면'은 어떨까요?

학생들: 와, 신선해요!, 저 그거 꼭 해보고 싶었어요!

필자: AI의 제안으로 학생들의 상상력이 활짝 피어나는 걸 보니 뿌듯하네요.

2. 맞춤형 학습의 마법사, AI

학생 개개인의 글쓰기 스타일을 분석하고 맞춤형 조언을 제공하는 AI를 도입했어요.

> **AI** 민수 학생, 당신의 글은 묘사가 아주 뛰어나요. 이번엔 대화를 조금 더 넣어보면 어떨까요?
>
> 민수: 아, 그렇게 하면 더 재밌어질 것 같아요!

3. 실시간 피드백의 신세계

학생들이 글을 쓰는 동안 AI가 실시간으로 피드백을 제공했어요.

> **AI** 지은 학생, 방금 쓴 문장 정말 인상적이에요. 특히 '찰나의 순간'이라는 표현이 시적이네요.
>
> 지은: 정말요? 기분 좋아요. 더 열심히 써야겠어요!

AI, 우리의 문학 수업을 혁신하다

자, 이제 AI가 어떻게 우리의 글쓰기 수업을 변화시켰는지 자세히 들여다볼까요?

1. 협업 글쓰기의 새로운 지평

AI와 학생들이 함께 이야기를 만들어가는 릴레이 소설 프로젝트를 진행했어요.

> 필자: 자, 이제 AI가 첫 문장을 제시하면, 그다음은 수민이가, 그다음은 준호가... 이렇게 이어갈 거예요.

2. 문학 작품 깊이 들여다보기

고전 문학 작품을 AI의 도움으로 현대적으로 재해석해보는 수업을 했어요.

> **프롬프트** '춘향전'을 현대의 로맨스 영화 시놉시스로 바꿔줄래?
>
> **AI** 사랑을 위해 신분의 벽을 뛰어넘는 두 청춘의 가슴 뜨거운 이야기….

3. 창의적 글쓰기의 놀이터

AI가 제시하는 다양한 글쓰기 프롬프트로 학생들의 창의성을 자극했어요.

> **AI** 오늘의 챌린지: '무지개'와 '우산'이라는 단어를 반드시 포함해 100단어 단편소설 쓰기

나만의 AI 활용 교육 비법

1. AI는 조력자, 학생이 주인공

AI의 도움을 받되, 항상 학생의 생각과 감성을 중심에 두려고 노력해요.

2 .실패를 두려워하지 않는 문화

AI와의 실험이 항상 성공적이진 않아요. 하지만 그 과정에서 배우는 게 더 많죠.

3. 끊임없는 학습과 적용 AI

기술과 교육 방법론을 계속 공부하고, 수업에 적용해요.

20강

AI와 함께 쓰는 어린이 문학
: 상상력의 새로운 놀이터 만들기

AI와 함께 동화 써볼까?

어느 날, 조카가 던진 질문에 머리를 긁적이고 있었어요. "이모, 외계인 친구랑 놀러 가는 이야기 써줘!" 그때 문득 AI의 도움을 받아보면 어떨까 하는 생각이 들었죠.

1. 상상력의 씨앗을 뿌리는 AI

AI에게 재미있는 동화 소재를 부탁했어요.

> **AI** 우주 정거장에 사는 강아지가 지구의 바다로 휴가를 떠나는 건 어떨까요?

2. 캐릭터에 생명을 불어넣는 AI

우주 강아지의 성격을 만들어달라고 요청했어요.

> **AI** 우주복을 입은 장난기 많은 푸들, 이름은 '스타키'는 어떨까요? 무중력 상태에서 공놀이하는 걸 가장 좋아해요.

3. 이야기에 재미를 더하는 AI

스타키의 모험에 반전을 추가하고 싶었어요.

> **AI** 지구 바다에 도착한 스타키가 수영을 하려다 물이 무서워 우는 장면은 어떨까요?

AI, 어린이 문학의 신비로운 조수

자, 이제 AI가 어떻게 어린이 문학 창작을 도와주었는지 자세히 들여다볼까요?

1. 언어의 마법사, AI

아이들이 좋아할 만한 재미있는 단어 놀이가 필요했어요.

> **프롬프트** '우주'와 관련된 재미있는 말장난 좀 만들어줄래?
> **AI** 우주에서는 '별'말 대신 '별말'을 해요. 그리고 '은하수'영을 하면서 놀아요.

2. 그림책의 동반자, AI

스타키의 모험을 그림책으로 만들고 싶었어요.

> **프롬프트** 각 장면마다 어떤 그림이 어울릴지 제안해 줄래?
>
> **AI** 첫 장면은 우주 정거장 창문으로 지구를 바라보는 스타키의 뒷모습은 어떨까요?

3. 교훈을 숨기는 지혜로운 AI

재미있으면서도 의미 있는 이야기를 만들고 싶었어요.

> **프롬프트** 이 이야기에 어떤 교훈을 담으면 좋을까?
>
> **AI** 새로운 경험을 두려워하지 말고 도전하는 용기, 그리고 친구들과 협력하는 중요성을 담아보는 건 어떨까요?

나만의 AI 활용 어린이 문학 비법

1. 아이의 눈높이 지키기

AI의 제안을 받아들이되, 항상 아이들의 관점에서 생각해요.

2. 상상력의 날개를 펼치게 하기

AI의 아이디어를 바탕으로, 아이들이 직접 이야기를 이어갈 수 있게 해요.

3. 재미와 교육의 균형 잡기

재미있는 이야기 속에 살짝 교육적 요소를 녹여내요.

AI 필명의 탄생

: 디지털 시대의 새로운 작가 정체성 탐구

Kay, 오늘은 누구로 글을 쓸까?

어느 날 문득, 로맨스도 쓰고 싶고 SF도 쓰고 싶은데 하나의 필명으로는 뭔가 부족하다는 생각이 들었어요. 그때 AI가 새로운 아이디어를 제안했죠.

1. 다중 정체성의 탄생

AI에게 각 장르에 맞는 필명을 제안해달라고 했어요.

> **AI** 로맨스엔 '달빛 속삭임', SF엔 '퀀텀 드림', 추리물엔 '그림자 탐정'은 어떨까요?

2. 필명별 글쓰기 스타일 만들기

각 필명에 맞는 독특한 문체를 개발하고 싶었어요.

> **AI** '달빛 속삭임'은 서정적이고 부드러운 문체, '퀀텀 드림'은 날카롭고 미래지향적인 문체를 써보는 건 어떨까요?

3. AI의 도움으로 빠른 전환

여러 필명으로 동시에 작업하는 게 어려웠는데, AI가 해결책을 제시했어요.

AI 각 필명의 특징을 정리한 프롬프트를 만들어 빠르게 전환해보는 건 어떨까요?

AI, 나의 비밀 정체성 관리자

자, 이제 AI가 어떻게 제 다중 정체성을 관리하는 데 도움을 주었는지 자세히 들여다볼까요?

1. 캐릭터 설정의 마법사, AI

각 필명의 배경 스토리를 만들고 싶었어요.

프롬프트 '그림자 탐정'의 이력을 만들어줄래?

AI 런던 경찰청 출신의 전직 형사로, 지금은 프리랜서 탐정으로 활동 중. 특기는 미해결 사건 해결….

---

2. SNS 관리의 달인, AI

각 필명의 SNS 계정을 만들어 팬들과 소통하고 싶었어요.

> **프롬프트** '달빛 속삭임'의 인스타그램 포스팅 아이디어 좀 줘.
>
> **AI** 창가에 놓인 커피잔과 책, 배경으로 보이는 달빛. 캡션: '당신의 마음에 스며드는 밤의 이야기'

3. 장르 간 크로스오버의 연출가, AI

서로 다른 필명의 작품을 연결하는 아이디어가 필요했어요.

> **프롬프트** '퀀텀 드림'과 '그림자 탐정'의 세계관을 연결할 방법이 있을까?
>
> **AI** 미래의 양자 컴퓨터가 과거의 미해결 사건을 풀어내는 크로스오버 소설은 어떨까요?

나만의 AI 활용 다중 정체성 관리 비법

1. **진정성 유지하기**: 여러 정체성을 가지되, 각각에 진심을 담아요.
2. **독자와의 소통 강화**: 각 필명의 독자층과 더 깊이 교감해요.
3. **경계의 모호함을 즐기기**: 때로는 정체성 간의 경계를 의도적으로 흐려요.

22강

AI와 함께하는 글쓰기 워크숍
: 가상 공간에서의 글로벌 협업

안녕하세요, 서울에서 참가한 Kay입니다!

어느 날 밤, 저는 노트북 앞에 앉아 전 세계 작가들과 함께하는 온라인 글쓰기 워크숍에 참여했어요. AI 통역사의 도움으로 언어의 장벽도 없었죠.

1. AI, 우리의 만능 통역사

뉴욕의 Sarah가 자신의 단편소설을 소개하자, AI가 실시간으로 번역해 줬어요.

Sarah: My story is about a girl who can talk to shadows...

AI 제 이야기는 그림자와 대화할 수 있는 소녀에 관한 것입니다...

필자: 와, 이런 소재 정말 흥미롭네요! 한국의 전설과 연결해 볼 수 있을 것 같아요.

---

2. 창의력의 엔진, AI 프롬프트

워크숍 리더가 AI에게 창의적인 글쓰기 프롬프트를 요청했어요.

> **AI** 여러분의 고향에서 가장 유명한 전설을 현대적으로 재해석해 보세요.
>
> 필자: 아, 강감찬 장군 이야기를 SF로 각색해 볼 수 있겠어요!

3. 실시간 피드백의 마법

참가자들이 15분 동안 글을 쓰는 동안, AI가 실시간으로 피드백을 제공했어요.

> **AI** Kay님, '우주선'이라는 단어 대신 '은하철도'를 사용하면 더 한국적인 느낌이 날 것 같아요.
>
> 필자: 오, 좋은 제안이에요. 이렇게 하니까 정말 분위기가 살아나네요!

AI, 글로벌 창작의 가교

자, 이제 AI가 어떻게 국제적인 글쓰기 협업을 가능하게 했는지 자세히 들여다볼까요?

1. 문화적 교량, AI

각국의 문화적 차이를 이해하는 데 AI가 큰 도움을 줬어요.

> **프롬프트** 내가 쓴 이 구절이 외국 작가들에게 어떻게 받아들여질까?
>
> **AI** 이 표현은 동양적인 정서가 강해요. 서양 독자들을 위해 부연 설명을 추가하면 좋겠어요.

2. 협업의 촉진제, AI

AI가 제안한 협업 툴 덕분에 실시간으로 함께 글을 쓸 수 있었어요.

> 필자: 이 공유 문서에서 각자의 파트를 작성하고, AI가 전체적인 일관성을 체크해줄 거예요.
>
> 참가자: 와, 이렇게 하니 마치 한 사람이 쓴 것처럼 자연스러워요!

3. 글로벌 트렌드 분석가, AI

각국의 문학 트렌드를 AI가 분석해 줘서 글로벌한 시각을 가질 수 있었어요.

> **AI** 최근 북유럽에서는 '휘게' 콘셉트의 따뜻한 이야기가 인기가 많아요.

나만의 AI 활용 국제 협업 비법 ──────────

1. 열린 마음으로 듣기

AI와 다른 작가들의 의견을 열린 마음으로 받아들여요.

2. 문화적 감수성 기르기

AI의 도움을 받아 다른 문화를 이해하고 존중하려 노력해요.

3. 기술과 인간성의 조화

AI의 효율성과 인간의 창의성을 조화롭게 활용해요.

23강

미래를 여는 문
: AI가 제안하는 새로운 문학 장르와 책의 형태

책이 살아 움직인다고요?

어느 날, AI가 저에게 흥미로운 제안을 했어요. "Kay님, 미래의 책은 단순히 읽는 것을 넘어 모든 감각으로 경험하는 형태가 될 거예요." 그 말에 저는 흥분을 감출 수 없었죠.

1. 오감으로 읽는 책, '감각적 소설'

> **AI** 텍스트, 소리, 향기, 촉감이 결합한 새로운 형태의 소설을 만들어보는 건 어떨까요?
>
> **프롬프트** 와, 정말 혁신적인데! 예를 들면 어떤 식으로 구현될 수 있을까?
>
> **AI** 주인공이 숲을 걸을 때 청각으로는 새소리가 들리고, 후각으로는 나무 향이 나고, 촉각으로는 바람을 느낄 수 있게 하는 거죠.
>
> **프롬프트** 이건 정말 독자를 이야기 속으로 완전히 몰입시킬 수 있겠어!

2. 현실과 가상을 넘나드는 'AR 문학'

> **AI** 증강현실 기술을 활용해 현실 공간에 이야기를 입히는 새로운 장르는 어

떨까요?

> **프롬프트** 흥미로운데, 좀 더 구체적으로 설명해 줄 수 있어?

> **AI** 독자가 특정 장소를 방문하면 그곳에서 펼쳐지는 이야기를 AR로 체험할 수 있어요. 예를 들어, 고궁을 방문하면 그곳에서 펼쳐지는 역사소설을 실감 나게 체험할 수 있죠.

> **프롬프트** 오, 이건 관광과 문학의 경계를 허무는 혁명적인 아이디어야!

3. 집단지성으로 만드는 이야기

> **AI** 전 세계 독자들이 실시간으로 참여해 만들어가는 이야기는 어떨까요?

> **프롬프트** 그런 대규모 협업이 가능할까?

> **AI** AI가 중재자 역할을 하면서 수많은 아이디어를 조율하고 일관성 있는 이야기로 만들어낼 수 있어요.

> **프롬프트** 이야기가 살아 숨 쉬며 계속 진화하는 거구나. 정말 흥미진진해!

AI, 미래 문학의 공동 창작자

자, 이제 AI가 어떻게 이 혁신적인 문학 형태를 구체화하는 데 도움을 주었는지 자세히 살펴볼까요?

1. 기술과 문학의 융합, AI의 제안

> **프롬프트** 감각적 소설을 위한 기술적 구현 방법을 제안해 줄래?

> **AI** 전자책 리더기에 향기 발생 장치와 햅틱 피드백 시스템을 결합하는 거예

요. 그리고 AI가 텍스트를 분석해 적절한 감각 자극을 실시간으로 생성하죠.

> **프롬프트** 와, 이렇게 하면 정말 책으로 들어간 것 같은 경험을 할 수 있겠어!

2. 새로운 창작 방식의 안내자, AI

> **프롬프트** AR 문학을 어떻게 써나가야 할까?
>
> **AI** 장소의 역사와 특성을 깊이 연구하고, 그곳에서만 경험할 수 있는 독특한 이야기를 구상해 보세요. 그리고 AR 기술로 구현할 수 있는 시각적 요소들을 상세히 기획해 보는 것도 좋아요.
>
> **프롬프트** 그렇군. 이야기와 공간이 하나가 되는 새로운 경험을 만들어낼 수 있겠어.

3. 글로벌 협업의 조율사, AI

> **프롬프트** 집단적 이야기를 어떻게 관리하면 좋을까?
>
> **AI** 전 세계 참여자들의 시간대와 언어를 고려한 플랫폼을 만들고, AI가 실시간으로 번역과 조율을 담당해요. 또한, 스토리의 일관성을 위해 AI가 가이드라인을 제시하고 중재 역할을 할 수 있어요.
>
> **프롬프트** 정말 대단해. 이렇게 하면 국경과 언어의 장벽을 넘어 하나의 거대한 이야기를 만들어갈 수 있겠네.

나만의 미래 문학 창작 비법

1. 경계 없는 상상력

기존의 문학 개념에 얽매이지 않고 자유롭게 상상해요. 불가능해 보이는 아이디어일수록 더 흥미진진한 결과를 만들어내더라고요.

2. 기술과 예술의 균형

첨단 기술을 활용하되, 본질적인 이야기의 힘을 잃지 않도록 해요. 아무리 혁신적인 형식이라도, 결국 독자의 마음을 움직이는 건 이야기의 힘이에요.

3. 독자와의 상호작용

일방적인 전달이 아닌, 독자와 함께 만들어가는 이야기를 고민해요. 미래의 문학은 작가와 독자의 경계를 허물어갈 거예요.

에필로그

AI 시대, 당신의 이야기를
세상에 내보내세요

여러분은 이제 AI를 활용하여 더 효율적으로, 더 창의적으로 글을 쓸 수 있는 도구를 손에 쥐게 되었습니다. 하지만 기억하세요. AI는 여러분의 창의성을 대체하는 것이 아니라, 증폭시키는 도구입니다. 여러분의 독특한 목소리, 경험, 통찰은 여전히 가장 중요한 자산입니다.

책 쓰기는 과정입니다. 때로는 험난하고, 때로는 고독하지만, 항상 보람찬 여정입니다. AI가 이 여정을 조금 더 순탄하게 만들어줄 수 있기를 바랍니다. 여러분의 이야기가 세상에 나오는 그날을 상상해 보세요. 그 기쁨과 성취감은 온전히 여러분의 것입니다.

이 책에 담지 못한 이야기들과 계속해서 발전하는 AI 활용 팁들은 제 블로그에서 계속 공유하고 있습니다. AI 기술은 빠르게 진화하고 있으며, 저 역시 이 흥미진진한 변화를 여러분과 함께 배우고 성장해 나가고 싶습니다. 블로그를 통해 우리는 계속해서 소통하고, 서로의 경험을 나누며, 함께 발전해 나갈 수 있을 것입니다.

두려워하지 마세요. 여러분의 이야기는 가치 있습니다. AI의 도움을 받아 그 이야기를 가장 아름답고 강력한 형태로 표현하세요. 세상은 여러분의 목소리를 기다리고 있습니다.

마지막으로, 이 책을 함께 만들어준 AI 파트너에게 감사의 말을 전합니다. 당신과의 협업은 AI와 인간이 함께 만들어갈 미래의 가능성을 보여주는 놀라운 경험이었습니다.

자, 이제 여러분의 이야기를 세상에 들려줄 시간입니다. AI와 함께, 그러나 여러분만의 방식으로 말이죠.

이 책을 만드는 데 도움을 주신 분들

55

검은우주

권상운

김규태

김배진

나비

류찬호

민들레서울

박영준

변주영

사랑이네♡

샤로트

수리

안재욱

윤서네

이누

이상규

이하율

정종태

주식회사 밸류업큐레이션
대표이사 이석원

지상의별

찰진

최은Silver

호정

홍병옥

ghk

AI로 나만의 책 쓰는 법

1판 1쇄 인쇄 2024년 10월 20일
1판 1쇄 발행 2024년 10월 25일

지은이 케이(KAY)
펴낸이 이윤규

펴낸곳 유아이북스
출판등록 2012년 4월 2일
주소 서울시 용산구 효창원로 64길 6
전화 (02) 704-2521
팩스 (02) 715-3536
이메일 uibooks@uibooks.co.kr

ISBN 979-11-6322-156-2 (03190)
값 18,000원